호텔 종사원의
경력몰입에 관한 연구

호텔 종사원의 경력몰입에 관한 연구

최 우 성 著

책 머리에

　현대의 사회는 일을 통해 자신을 성장 발전시킬 수 있게 됨에 따라 자기성장과 발전을 위해 현재의 직무 뿐 아니라 자신의 직장생활에서 전체적인 경력에 관심을 가지게 되었다. 또한 과거에는 경력이 전문직 종사자에게 해당되는 개념 이였으나 현대에 들어서는 일을 하는 모든 사람에게 적용되고 있으며 개인에 있어 삶의 질을 결정하는 가장 중요한 요인이 되고 있다.

　1980년대 이전에는 경제적 활동을 위해 사람들은 자신의 적성과 능력에 맞는 분야에서 직업안정성을 보장받고 경력개발이 공정하게 이루어지고 종사원의 충성심과 헌신의 가치를 존중하는 기업을 선택하여 하나의 기업 안에서 비교적 안정적인 경력을 쌓았다. 즉 평생직장의 개념 하에서 경력개발이 이루어졌다. 그러나 1990년대 중반을 기점으로 세계화와 신자유주의 기조의 영향으로 노동 유연성 제고에 대한 논의가 쟁점으로 부각되었고 특히 1997년의 외환위기 이후에는 경쟁전략의 일환으로 고용을 둘러싼 구조조정(Restructuring), 다운사이징(Downsizing), 리엔지니어링(Re-Engineering), 인수합병(M & A) 등 사업구조 효율화를 실천해야 하는 새로운 경영환경시대가 도래하였다. 이에 따라 기업들은 탄력적인 인력관리시스템을 구축하기 위해 고용관계를 관계적 계약관계로부터 거래적 계약관계로 변경하고 있다. 따라서 조직구성원들은 과거와 같이 평생직장을 보장받기가 어려워졌다. 이에 따라 구성원의 조직몰입은 떨어지고 반면에 자신이 선택한 직업에서 일하고자하는 동기부여 정도로서 자신의 직종 또는 직업에 대한 일반적인 태도인 경력몰입이 상대적으로 높아짐에 따라 구성원 개개인의 경력개발에 대한 기업의 관심은 새로운 차원으로 발전하고 있다. 즉 개인 스스로 자신의 경력경로에 책임을 갖고 승진에 필요한 업무능력과 전문성을 개발함으로써 평생직업이라는 개념에서의 경력개발 노력에 힘을 쓰고 있다.

지금까지 몰입에 대한 대부분의 연구는 조직몰입에 대한 영향요인과 결과요인 그리고 상관관계에 대한 다양한 연구가 이루어 졌다. 특히 호텔기업의 경우 종사원의 조직몰입 정도에 따라 고객에게 제공되는 서비스의 질이 달라지며 이는 곧 성과와 높은 관련이 있다는 연구결과가 제시되고 있다. 하지만 경력과 관련해서는 연구가 거의 이루어지지 않고 있는 현실이다. 이는 경력몰입에 대한 연구들이 초기에 회계사, 간호사 같은 일부의 전문직 종사원에 국한되어 이루어졌으며 직업의 전문성 수준에 관계없이 어떤 직업에서도 존재할 수 있는가, 아니면 최소한의 전문직 특징이 있어야만 경력몰입이 존재하며 그 이하 수준에서는 명확하게 개념화 될 수 없는 것인가 등의 문제들로 다방면의 직업에 대한 연구가 이루어지지 않았다. 하지만 Form(1968)은 정부 관료, 대기업 관리자, 숙련노동자, 기능공 등에서도 경력이 존재할 수 있다고 설명하였으며, Blau(1985, 1988, 1989)가 경력몰입의 측정도구를 개발한 이후 그 범위가 확대되어 다양한 직업군에 대한 연구가 이루어 졌으며 많은 연구에서 검증을 받았다. 그러나 호텔기업 같은 서비스기업을 대상으로 한 연구는 아직까지 이루어지지 않은 실정이다. 따라서 호텔 종사원의 경력몰입에 대한 연구가 필요한 시점이다.

또한 경력몰입의 중요성과 관련해서 살펴보면 조직의 입장에서는 최적수준의 이직률을 유지힐 필요가 있는데 이때 경력몰입과 인력유지간 연결성은 인적자원관리에 대한 중요한 시사점을 제공하며 또한 조직내외의 노동시장이 보다 유동적이 되고 구조조정이나 인력감축과 같은 고용안정을 덜 보장하는 불확실한 상황에서 자신이 내적으로 설정한 경력목표에 몰입을 해야지 만이 직업의 의미와 계속성을 유지할 수 있기 때문에 경력몰입에 대한 연구가 중요하다고 볼 수 있다. 특히 호텔기업의 경우 이직율이 다른 기업군과 비교하여 높은 편이며 비정규직의 비율이 다른 직업군에 비해 높은 편이다. 더욱이 인적자원에 의해 서비스의 질이 결정될 수 있으므로 경력몰입이 중요한 요인이 될 수 있으며 조직입장에서 조직원의 역량을 최대한 발휘하게 하는 방안으로서 경력을 관리하고 개인입장에서는 자기 능력을 개발하고 전문성을 축적할 수 있는 방안으로 경력을 계획한다. 따라서 경력몰입은 역량개발과 성과 모두에서 실제적인 중요성을 가진다. 실제로 높은 실적을 내는 사람을 보면 고도의 기술을 획득하기 위해 수년간의 훈련, 개발, 경험이 필요하다는 것을 알 수 있다. 이는 하나의 경력에 몰입함으로써 고도의 기술개발이 될 때 까지 지속적으로 능력을 개발하게 만드는 것이다.

따라서 본 연구에서는 호텔기업에 종사하는 종사원을 대상으로 경력몰입에 영향을 미치는 선행변수와 결과변수를 파악하고자 한다. 위의 연구목적을 달성하기 위해 다음과 같은 구체적인 목적을 가지고 본 연구를 수행하고자 한다.

첫째, 경력몰입에 대한 개념적 정의에 대해 정리를 수행하고 둘째, 경력개발과 관련하여 경력몰입을 결정하는 영향요인에 대해 선행연구에서 밝힌 요인들을 중심으로 호텔종사원을 대상으로 경력몰입에 미치는 영향요인을 밝히고자 하며 셋째, 경력몰입에 의해 나타날 수 있는 경력몰입의 결과변수에 대해 살펴보며 넷째, 경력몰입의 선행변수와 결과변수에 있어 경력몰입의 매개역할을 하는지 살펴보고 다섯째, 고용형태를 조절변수를 투입하여 경력몰입이 선행변수에 어떤 조절을 하는지 알아보며 마지막으로 경력몰입의 영향관계를 분석을 통해 밝혀진 내용을 가지고 실무적으로 활용할 수 있는 방안을 제시하고자 한다.

목　차

표 차 례

그림차례

제1장 서 론

제1절 문제의 제기 및 연구의 목적

1. 문제의 제기

인간은 누구나 일정한 나이가 되면 사회적, 경제적 욕구를 충족시킬 수 있는 일을 찾게 된다. 일을 하는 것이 산업사회의 초기에는 경제적 재화획득을 위한 수단으로서의 기능이 강조되었으나 경제성장으로 인해 소득의 증가와 고학력 사회로 이행함에 따라 단순히 경제적 재화획득과 안전보다는 일에서 의미를 찾기를 바라며 일과 가정, 개인적 삶 간의 균형을 유지하는데 더 관심을 두게 되었다.[1] 더 나아가 일을 통해 자신을 성장 발전시킬 수 있게 됨에 따라 자기성장과 발전을 위해 현재의 직무뿐 아니라 자신의 직장생활에서 전체적인 경력에 관심을 가지게 되었다. 또한 과거에는 경력이 전문직 종사자에게 해당되는 개념이었으나 현대에 들어서는 일을 하는 모든 사람에게 적용되고 있으며 개인에 있어 삶의 질을 결정하는 가장 중요한 요인이 되고 있다.[2]

---

1) 탁진국 역(2002), 경력개발 및 관리, 시그마프레스, p.21

2) 장은주(2003), "주관적 경력성공의 영향요인에 관한 연구", 서

1980년대 이전에는 경제적 활동을 위해 사람들은 자신의 적성과 능력에 맞는 분야에서 직업안정성을 보장받고 경력개발이 공정하게 이루어지고 종사원의 충성심과 헌신의 가치를 존중하는 기업을 선택하여 하나의 기업 안에서 비교적 안정적인 경력을 쌓았다. 즉 평생직장의 개념하에서 경력개발이 이루어졌다.3) 그러나 1990년대 중반을 기점으로 세계화와 신자유주의 기조의 영향으로 노동 유연성 제고에 대한 논의가 쟁점으로 부각되었고 특히 1997년의 외환위기 이후에는 경쟁전략의 일환으로 고용을 둘러싼 구조조정, 다운사이징, 리엔지니어링, 리스트럭처링, 인수합병 등4) 사업구조 효율화를 실천해야 하는 새로운 경영환경시대가 도래하였다.5) 이에 따라 기업들은 탄력적인 인력관리시스템을 구축하기 위해 고용관계를 관계적 계약관계로부터 거래적 계약관계로 변경하고 있다. 따라서 조직구성원들은 과거와 같이 평생직장을 보장받기가 어려워졌다.6) 이에 따라 구성

강대학교 박사학위논문, p.1-2

3) Hendry C. & Jenkins, R.(1997) "Psychological Contracts and New Deals", Human Resources Management Journal, 7, pp.47-62

4) 서균석 외(2003), "개인과 조직의 경력관리가 경력만족, 경력전망 및 경력몰입에 미치는 영향", 경영학연구, 제32권 제6호,(12), p.1715

5) Dufficy, M.(2001), "Training Success in a New Industrial World", Industrial and Commercial Training, 33, pp.48-54

6) Arthur M. B. & Rousseau D. M.(1996), The Boundaryless Career: A New Employment Principle for a New Organizational Era, New York: Oxford University Press

원의 조직몰입은 떨어지고 반면에 자신이 선택한 직업에서 일하고자하는 동기부여 정도로서 자신의 직종 또는 직업에 대한 일반적인 태도인 경력몰입이 상대적으로 높아짐에 따라 구성원 개개인의 경력개발에 대한 기업의 관심은 새로운 차원으로 발전하고 있다.[7] 즉 개인 스스로 자신의 경력경로에 책임을 갖고 승진에 필요한 업무능력과 전문성을 개발함으로써 평생직업이라는 개념에서의 경력개발 노력에 힘을 쓰고 있다.

지금까지 몰입에 대한 대부분의 연구는 조직몰입에 대한 영향요인과 결과요인 그리고 상관관계에 대한 다양한 연구가 이루어 졌다[8]. 특히 호텔기업의 경우 종사원의 조직몰입 정도에 따라 고객에게 제공되는 서비스의 질이 달라지며 이는 곧 성과와 높은 관련이 있다는 연구결과가 제시되고 있다. 하지만 경력과 관련해서는 연구가 거의 이루어지지 않고 있는 현실이다. 이는 경력몰입에 대한 연구들이 초기에 회계사, 간호사 같은 일부의 전문직 종사원에 국한되어 이루어졌으며 직업의 전문성 수준에 관계없이 어떤 직업에서도 존재할 수 있는가, 아니면 최소한의 전문직 특징이 있어야만 경력몰입이 존재하며 그 이하 수준에서는 명확하게 개념화될 수 없는 것인가 등의 문제들로 다방면의 직업에 대한 연구가 이루어지지 않았다. 하지만 Form(1968)은 정부관료, 대기업 관리자,

---

7) Hall. D. T. & Moss, J. E.(1998), "The New Protein Career Contracts": Helping Organizations and Employees Adapt, <u>Organizational Dynamics</u>, 26(30), pp.22-37

8) 장은미(1997), "경력관련 변수와 조직몰입분석: 경력단계와 경력 경로와의 관계", <u>경영학연구</u>, 제26권 제2호, (5월), p.272

숙련노동자, 기능공 등에서도 경력이 존재할 수 있다고 설명 하였으며9) Blau(1985, 1988, 1989)가 경력몰입의 측정도구를 개발한 이후 그 범위가 확대되어 다양한 직업군에 대한 연구 가 이루어 졌으며10)11)12) 많은 연구(Blau, 1988, 1989, 199913); Aryee & Tan, 1992; Aryee, Chay & Chew, 1994; Cherniss, 1991; 장은미, 1997, Goulet & Singh, 200214))에서 검증을 받 았다.15) 그러나 호텔기업 같은 서비스기업을 대상으로 한 연 구는 아직까지 이루어지지 않은 실정이다.

호텔산업은 지식기반 경제가 진행됨에 따라 과거의 대량

---

9) Form, W. H.(1968), Occupation and Career, New York: McMillan and the Free Press

10) Blau, G.(1985), "The Measurement and Prediction of Career Commitment", Journal of Occupational Psychology, 58(4), pp.277-288

11) Blau, G.(1988), "Further Exploring the Meaning and Measurement of Career Commitment", Journal of Vocational Behavior, 32, pp.284-297

12) Blau, G.(1989), "Testing the Generalizability of a Career Commitment Measure and its Impact on Employee Turnover", Journal of Vacational Behavior, 35, pp.88-103

13) Blau, G.(1999), "Early-career Job Factors Influencing the Professional Commitment of Medical Technologists", Academy of Management Journal, 42, pp.687-695

14) Goulet, L. R. & Singh, P.(2002), "Career Commitment: A Reexamination and an Extension", Journal of Vocational Behavior, 61, pp.73-91

15) 이기은(2000), "경력몰입의 결정요인과 경력몰입이 구성원의 태도에 미치는 영향", 서강대학교 박사학위논문, p.2

생산체제에서 부가가치 생산체제로의 전환을 통해 고도의
전문기능을 보유한 지식노동력이 필요한 산업으로 부각되
고 있다. 특히 호텔기업에 종사하는 종사원은 다른 제조업
과 달리 그 중요성을 가지게 되는데16) 이는 고객과의 접촉
빈도수가 많은 서비스제공자인 종사원이 가장 중요한 전략
적 자원이란 사실이 여러 연구를 통하여 밝혀지고 있다.17)
또한 호텔기업의 종사원은 호텔서비스의 질을 좌우하는 서
비스생산자인 동시에 제공자이며 서비스제공환경의 직접적
인 관리자이며 나아가 호텔상품의 무한한 부가가치를 창출
할 수 있는 종합적인 기획자가 될 수 있기 때문이다.18) 이
러한 측면에서 호텔에서 근무하는 종사원 역시 전문가적
특성을 가지고 있다고 볼 수 있으며 경력이 존재한다고 볼
수 있다.

따라서 호텔종사원의 경력몰입에 대한 연구가 필요한 시
점이다.

2. 연구의 목적

경력에 관한 연구는 크게 직업심리학과 조직행동론에서

---

16) 오정환(1998), <u>호텔경영학원론,</u> 기문사, p.92

17) 김경환·차길수(2003), <u>호텔경영학,</u> 현학사, pp.371-372

18) 허용덕(2003), "호텔산업의 고용환경변화에 따른 직원의 직무불
     안전성 인식이 조직유효성이 미치는 영향", 세종대학교 박사
     학위논문, pp.1-2

22

다루어져 왔다. 직업심리학 분야는 고교생과 대학생이 졸업
후 초기에 어떻게 직업을 선택하는가에 초점을 두고 개인
의 의사결정과정, 개인별 적합한 직업 등의 경력 내 개인의
적응을 다루었다.[19] 이에 비해 조직행동론 분야에서는 전생
에 걸친 성인의 직업경험을 주로 다루면서 개인적응을 뛰
어넘어 조직성과나 조직 잔류 또는 이탈과 같은 조직행동
에 영향을 미치는 조직의 경력환경에 대한 상황요인에 초
점을 두고 있다.[20] 이 같은 조직행동론에서의 경력개발 접
근은 개인차원에서 조직차원으로 경력연구의 폭을 넓히는
데 일정한 기여를 하였다.[21] 경력 분야에서 최근 많이 다루
고 있는 주제는 경력몰입으로 이 경력몰입에 대한 선행변
수와 결과변수를 알아보는 연구가 수행되고 있다.[22]

본 연구에서는 호텔기업에 종사하는 종사원을 대상으로
경력몰입에 영향을 미치는 선행변수와 결과변수를 파악하
고자 한다. 위의 연구목적을 달성하기 위해 다음과 같은 구
체적인 목적을 가지고 본 연구를 수행하고자 한다.

첫째, 경력몰입에 대한 개념적 정의에 대해 정리를 수행
하고 둘째, 경력개발과 관련하여 경력몰입을 결정하는 영향

---

19) Holland, J. L.(1973), Making Vocational Choices, Englewood
Cliffs, NJ: Prentice-Hall.

20) Hall, D. T.(1977), Careers in Organizations, Glenview, IL:
Scott, Foresman.

21) 이진규 · 최종인(1998), "미래조직의 경력관리: 다중 경력 패러
다임", 인사조직연구, 특별호, pp.167-208

22) 탁진국(1996), "조직에서의 경력개발에 관한 최근의 연구동향",
광운대학교 인문사회과학 연구소 논문집, 제25권, pp.213-229

요인에 대해 선행연구에서 밝힌 요인들을 중심으로 호텔종사원을 대상으로 경력몰입에 미치는 영향요인을 밝히고자 하며 셋째, 경력몰입에 의해 나타날 수 있는 경력몰입의 결과변수에 대해 살펴보며 넷째, 경력몰입의 선행변수와 결과변수에 있어 경력몰입의 매개역할을 하는지 살펴보고 다섯째, 고용형태를 조절변수를 투입하여 경력몰입이 선행변수에 어떤 조절을 하는지 알아보며 마지막으로 경력몰입의 영향관계를 분석을 통해 밝혀진 내용을 가지고 실무적으로 활용할 수 있는 방안을 제시하고자 한다.

제2절 연구의 방법 및 범위

본 연구는 문헌적 고찰을 통하여 경력몰입에 대한 개념을 정리하고 이를 바탕으로 경력몰입의 선행변수와 결과변수를 추출하였으며 마지막으로 고용형태라는 조절변수를 통하여 경력몰입의 선행변수와 결과변수에 어떠한 조절효과를 보이는지 경험적으로 연구를 수행하기 위해 연구모형과 가설을 설정하였으며 이를 검증하기 위한 변수의 측정과 문항을 구성하였다.

본 연구를 수행하기 위해 서울에 위치한 특1·2급 호텔에 종사하는 종사원을 대상으로 설문자료를 수집하였다.

수집된 자료는 SPSS WIN 10.0 통계패키지를 이용하여 빈도분석, 요인분석, 신뢰도분석, 회귀분석 등의 통계분석을 이용하였다.

이러한 연구방법에 따라 이 책은 다음과 같이 총 5장으로 구성하였다.

먼저 제1장은 서론으로서 문제의 제기 및 연구의 목적, 연구의 방법 및 범위에 관하여 서술하였다.

제2장에서는 이론적 배경으로서 경력몰입에 대한 개념적 정리 및 경력몰입의 선행변수와 결과변수를 선행연구를 바탕으로 정리하고 이들 변수들 간의 상호관계를 개념화하였다.

제3장에서는 연구의 설계로 제2장의 이론적 배경을 바탕으로 연구의 모형을 도출하고 이를 검증하기 위해 가설을 설정하였다. 연구에 사용될 변수들은 조작적 정의를 거쳐 자료의 수집방법, 설문지의 구성, 표본의 선정방법, 분석방법 등을 제시하였다.

제4장에서는 실증분석의 결과 및 해석부분으로 연구가설에 대해 검증하였으며 이를 해석하여 제시하였다.

마지막으로 제5장에서는 본 연구의 결론으로서 연구가설의 검증을 통해 밝혀진 결과를 요약하고 연구의 시사점 및 연구의 한계점, 향후 연구방향에 대해 제시하였다.

제2장 이론적 배경

제1절 경력몰입에 대한 개념

1. 몰입의 개념

조직구성원들의 형태를 연구하는 연구자들에게 몰입은 매우 오랜 기간동안 지속되어온 연구주제였다. 그로 인해 몰입의 의미는 매우 다양하게 정의되어져왔고 그로 인한 개념적 정의 및 측정의 문제와 관련된 논란이 지속되어 왔다. 그 이유는 몰입을 연구한 연구자들이 다양한 학문적 배경을 가지고 있기 때문에 자신의 연구목적에 부합되게 독자적으로 의미를 부여하고 있거나 아니면 몰입현상 자체가 광범위한 특성을 가지고 있기 때문에 연구자들 간에 합의와 공감이 거의 이루어지지 않았다는 주장이 있다.23) 또한 개념적 정의 및 조직화에 대한 논란은 서로 다른 이론적 배경을 가지고 있는 연구자들이 서로 다른 개념들을 서로 다른 측정도구로 동일한 현상을 측정하는 것으로 생각해 온 관행의 결과라고도 할 수 있다.24)

---

23) Mowday, R. T., Porter, L. W. & Steers, R. M.(1982), Employee-Organization Linkages, NY: Academic Press

24) 고현철(2004), "연구개발 조직구성원의 이중몰입에 관한 연구",

실제적으로 산업심리학자들은 정서적(Affective)인 측면을
경제학자들은 정서적 중립(Affectively Neutral)인 측면을 사회
학자들은 정서적(Affective), 정서적 중립(Affectively Neutral),
규범적(Normative) 측면을 개념화하였다.
 몰입에 대한 대표적인 몇 가지 정의를 살펴보면 다음
<표 2-1>과 같다.

<표 2-1> 몰입의 개념

연구자	개념정의
Becker(1960)	기존부터 축적된 사이드 뱃(Side Bet)에 의해 개인의 행위를 제약하는 메카니즘
Grusky(1966)	조직구성원이 전체시스템과 맺는 관계의 성격
Kanter(1968)	조직에 대한 충성심과 열의를 제공하려는 조직 구성원들의 의지
Sheldon(1971)	개인의 정체성을 조직과 연계시키는 조직 지향적 태도
Hrebiniak & Alutto (1972)	시간이 경과하면서 축적된 사이드 뱃(Side Bet)에 대한 개인과 조직의 거래결과로 나타난 구조적 현상
Buchanan(1974)	조직목표나 가치, 그와 관련된 개인의 역할 또는 조직 그 자체에 대한 감정적 애착
Porter et al(1974)	개인이 특정조직에 대해 가지는 동일시의 정도
Wiener & Vardi (1980)	충성심과 의무에 대한 기대와 가치를 토대로 형성된 조직 지향적 태도

연구자	개념정의
Wiener(1982)	조직의 이익에 부합되는 방향으로 행동하도록 하는 내면화된 규범적 압력의 총체
Mayer & Allen(1990)	조직구성원과 조직 간의 심리적 연계
Shore & Wayne (1993)	현재의 조직에 남기를 희망하고 다른 조직으로 이탈하지 않으려는 의도
김정주(1999)	조직구성원이 조직에 대하여 갖는 태도로서 조지구성원으로 남아서 조직발전을 위하여 노력하려는 의지
최종인, 이진규 & 김강중 (2000)	구성원이 자신의 조직에 대해 사로잡히거나 몰두하는 것으로 조직에 대한 개인의 심리적 일체감

자료: 고현철, 전게논문, 2004, p.9를 참고로 재구성

몰입에 대한 정의는 연구자들마다 조금씩 상이하게 정의되지만 공통적으로 나타나는 것은 몰입대상에 대한 심리적 유대이다. 즉 개인과 그 개인을 고용하고 있는 조직을 연결시켜주는 심리적 유대라고 할 수 있다.

2. 경력의 개념

경력이라는 의미는 연구하는 학자마다 다양한 의미로 이해하고 있으며 또한 시대의 변화와 더불어 그 의미가 점점 변화하고 있다. 경력연구의 초기에는 경력을 전문적인 직업을 가진 사람들에게만 적용하였지만 Hall(1976)과 Arthur et al.(1989)은 경력을 개인의 일생을 걸친 일과 관련된 경

험 및 활동의 연속으로 봄으로써 경력을 전문직 종사자들로 범위를 한정하지 않고 일을 하는 모든 사람에게 적용할 수 있다고 주장하였다.[25]

이처럼 경력개념은 대상 범주를 어떻게 정하느냐에 따라 차이가 있으나 최근에는 경력을 한 개인이 일생을 걸쳐 일과 관련하여 얻게 되는 총체적 경험으로 기본적인 틀을 잡아가고 있다.

경력개념의 변화를 살펴보면 산업화시대에서 조직은 피라미드형 위계조직과 관료제를 근간으로 하고 있으며 고용계약에 있어서는 고용안정을 보장하는 심리적인 관계 계약에 기반을 둔 직선형 경력[26]과 전문가형 경력[27]이 주를 이루었다. 하지만 Miles & Snow(1996)가 언급했듯이 많은 조직들이 점점 계층의 수를 축소하여 수평적인 조직구조를 지향하고 있으며 고용관계도 노동시장에서의 시장가치를 기초로 한 거래적 고용계약이 증가하는 추세[28]에 있다. 또한 직장생활을 삶

---

25) Arthur, M. B., Hall, D. T. & Lawrence, B. S.(1989), Generating new Directions in Career Theory: The Case for a Transdisciplinary Approach, Handbook of Career Theory, Cambridge University Press, pp.7-25

26) Brousseau, K. R., Driver, M. J., Eneroth, K. & Larsson, R.(1996), "Career Pandemonium: Realigning Organizations and Individuals", Academy of management Executive, Vol 10, No.4, pp.52-66

27) Allred, B. B., Snow, C. C. & Miles, R. E.(1996), "Characteristics of Managerial Careers in the 21st Century", Academy of Management Executive, Vol 10, No.4, pp.17-27

28) Miles, R. E. & Snow, C. C.(1996), The Career is Dead-Long Live the Career, San Francisco: Jossey-Bass, pp.15-45

의 전부로 여기던 과거 세대와는 달리 요즘 세대들은 조직에서 빨리 승진하기 위해 전력투구하기보다는 자신이 중시하는 가치를 추구하는 경향으로 인해 경력의 개념은 수직적인 상승뿐만 아니라 수평이동, 심지어는 하향 이동도 포함하는 것으로 확대되고 있다.[29] 더불어 하나의 조직차원에서 단순하게 이루어지던 경력이 다양한 조직에 걸쳐서 이루어질 수 있음을 부각시켰다. 이는 한 조직에서 경력을 보내던 전통적인 경력개념에서는 개인의 경력관리를 조직이 책임을 졌으나[30] 다양한 조직에서 경력을 쌓을 수 있는 오늘날에는 개인 스스로 자신의 경력에 책임을 져야 하며[31][32] 이러한 고용관계의 변화는 경력관리에 있어 개인적이고 주관적인 요소가 중요해지고 있음을 보여준다.

이러한 경력에 대한 시각의 변화는 크게 세 가지 점에서 의의가 있다.[33] 첫째 시간의 개념을 초월한 직무에 대한 열

29) Arnold, H. J. & Feldman, D. C.(1986), Organizational Behavior, New York: McGraw-Hill

30) Betz, N. E., Fitzgerald, L. F. & Hill, R. E.(1989), Trait-Factor Theory: Traditional Cornerstone of Career Theory, Handbook of Career Theory, Cambridge: Cambridge University Press, pp.26-40

31) Arthur, M. B. & Rousseau, D. M.(1996), The Boundaryless Career: A New Employment Principle for a New Organizational era, New York: Oxford University Press

32) Sullivan, S. E.(1997), "The Changing Nature of Career: A Review and Research Agenda", Journal of Management, Vol 25 No.3, pp.457-484

33) Mirvis, P. H. & Hall, D. T.(1994), "Psychological Success and the Boundaryless Career": Journal of Organizational

린 시각을 제공해 주었다. 기존에는 개인의 경력이라고 하면 경력단계 초기부터 하강기에 오기까지의 선형적인 유형만을 생각하고 수평적인 이동이나 하강의 경우에는 특별한 사건으로 이루어졌다. 그러나 이제는 경력의 역동적인 측면 즉 상승과 하강, 또는 수평적인 이동은 물론이고 직종 및 직장의 변경 모두를 고려해야 하므로 개인의 경력패턴이 과거의 직선형과 전문가형뿐 아니라 나선형과 전이형도 포함하는 것으로 확대되었다.

둘째 경력의 공간을 확대시켰다. 과거에는 개인의 직장생활과 이외의 삶을 분리하여 생각했으나 이제는 직장생활에서의 역할뿐 아니라 그 이외의 모든 역할도 총체적으로 파악해서 개인의 삶의 다각적인 면을 부각시킬 필요가 있음을 제시하였다.

마지막으로 사용자와 종사원의 관계에 있어서 새로운 시각을 제공하고 있다. 먼저 조직의 입장에서는 한 조직 내에서의 경력관리차원에서 탈피하여 개인의 다양한 경력경로를 파악하고 끊임없는 인재발굴과 개인역량을 최대한 활용할 수 있는 유연한 경력시스템을 갖추어야 한다. 마찬가지로 개인의 입장에서는 한 조직에만 평생 일하는 것이 아니므로 주변의 다양한 경력경로를 최대한 활용하고 자기개발을 통해 자신의 가치를 높이려는 노력이 필요하다.[34]

이러한 변화는 현재 기업에 몸담고 있는 구성원들의 인식

Behavior, Vol 15, pp.365-380

34) 김성국 · 김태은(1999), "경력개념의 변화와 미래 방향에 관한 이론적 고찰", 이화경영논총, 제17권 제1호, pp.5-29

의 변화에서도 나타나고 있다. 종신고용이라든지 장기적인 고용관계 즉 현재의 직장이나 업무에 대한 기대보다는 개인의 다양한 경력개발에 더 큰 관심을 갖고 있으며 조직과 구성원 사이의 관계 또한 다변화되는 양상을 보이고 있다.[35]

 최근 새로 등장하는 개념들은 급변하는 환경에서 개인의 경력관리 노력을 강조하고 있다. 즉 과거에는 입사에서 퇴사까지 한 조직에서 자신의 모든 경력을 부내는 사람들이 대부분이었으므로 조직에서 종사원의 경력을 관리해 주어야 했으나 최근에는 활발한 조직 간의 이동으로 개인이 주체가 되어 능동적으로 자신의 경력을 관리해야 한다. 따라서 이제까지 언급된 경력개념의 변화를 살펴보면 다음의 <표 2-2>와 같다.

---

35) 장은미(1997), 전게논문.

<표 2-2> 전통적 경력개념과 새로운 경력개념의 비교

	전통적인 경력	새로운 경력
조직	관료제	네트워크
역할	전반 관리자	다양한 기술을 가진 전문가
조직의 역량	시스템, 운영체계	팀워크, 개발
평가기준	투입	선행
보상	직무에 대한 보상	기술에 근거한 보상
계약관계	몰입과 안정성	유연한 고용관계
경력관리	가부장적 관리	자기관리
이동	수직이동	수평이동

자료: Nicholson, N.(1996), Career Systems in Crisis: Change and Opportunity in the Information Age, <u>Academy of Management Executive</u>, 10(4), p.41

3. 경력몰입의 개념

경력몰입은 직무몰입 및 조직몰입과 구분 가능한 개념으로 볼 수 있다. 직무몰입은 자신에게 부여된 과업에 대한 몰입으로 상대적으로 단기적인 성격을 갖는 반면, 여러 관련 직무들을 포함하는 경력몰입은 보다 장기적이며 주관적으로 축적해 온 직업에 대한 인식과 관련이 크다. 또한 조직몰입은 제도화된 특정 조직에 대한 몰입으로 간주되지만 경력몰입은 개인이 설정한 내적인 목표와 관련된 것이다.

경력관리 결과변수 중에서 개념적으로나 실무적으로 매우 중요한 변수[36]인 경력몰입은 과거부터 지속적으로 관여해 온 특정한 경력에 대해 정서적 유대를 가지고 있는 상태를 말한다.[37] Blau(1985)가 정의한 경력몰입이란 자신이 선택한 직업에서 일하고자 하는 동기부여 정도로서 자신의 직종 또는 직업에 대한 일반적 태도라고 하였으며 이를 다양한 업무 분야로 확장시켰으며 경력개념화 및 척두화의 개념적 명확성으로 인해 가장 많이 활용되고 있다.(장은미 1997[38]; 탁진국 1996[39]; Lee et al. 2000[40])

경력개발관련연구에서 경력몰입은 개념적으로나 실제적으로 매우 중요하다. 이는 하나의 경력에 몰입한다는 것은 많은 사람들의 일생에 경력을 발전시키고 개발해 나가는 과정에서 매우 의미 있는 개념이 될 수 있으며 조직의 입장에서는 최적수준의 이직률을 유지할 필요가 있는데 이때

---

36) 김은상(2000), "조직몰입과 경력몰입의 관계유형이 이직의도, 수행노력, 학습동기에 미치는 효과", 한국심리학회지: 산업 및 조직, 제15권 제1호, pp.41-63

37) Mowday et al.(1982), op cit.

38) 장은미(1997), "경력몰입이 조직몰입과 이직의도에 미치는 이중 조절 효과에 관한 연구", 인사조직연구, 제5권 제2호, pp.217-253

39) 탁진국(1996), "조직구성원의 경력개발 장애요인에 대한 지각", 한국심리학회지: 산업 및 조직, 제9권 제1호, pp.25-36

40) Lee, K.., Carswell, J. J. & Allen, N. J.(2000), "A Meta-analytic Review of Occupational Commitment: Relations with Person and Work-related Variables", Journal of Applied Psychology, 85, pp.799-811

경력몰입과 인력유지 간 연결성은 인적자원관리에 대한 중요한 시사점을 제공해 주기 때문이다.[41][42] 또한 조직입장에서 조직원의 역량을 최대한 발휘하게 하는 방안으로서 경력을 관리하고 개인입장에서는 자기 능력을 개발하고 전문성을 축적할 수 있는 방안으로 경력을 계획하기 때문이다. 따라서 경력몰입은 역량개발과 성과 모두에서 실제적인 중요성을 가진다. 실제로 높은 실적을 내는 사람을 보면 고도의 기술을 획득하기 위해 수년간의 훈련, 개발, 경험이 필요하다는 것을 알 수 있다. 이는 하나의 경력에 몰입함으로써 고도의 기술개발이 될 때 까지 지속적으로 능력을 개발하게 만드는 것이다.[43] 그리고 지식기반사회에서 직업적 생존을 하는데도 경력몰입이 결정적인 역할을 하는데 이는 조직 내외의 노동시장이 보다 유동적이 되고 구조조정이나 인력감축과 같은 고용안정을 덜 보장하는 불확실한 상황에서 자신이 내적으로 설정한 경력목표에 몰입을 해야지 만이 직업의 의미와 계속성을 유지할 수 있기 때문이다.[44]

---

41) Colarelli, S. M. & Bishop, R. C.(1990), "Career Commitment: Functions, Correlates and Management", Group & Organization Management, 15(2), pp.158-177

42) Lee, K.., Carswell, J. J. & Allen, N. J.(2000), "A Meta-analytic Review of Occupational Commitment: Relations with Person and Work-related Variables", Journal of Applied Psychology, 85, pp.799-811

43) Aryee, S., Chay, Y. W. & Chew, J.(1994), "An Investigation of the Predictors & Outcomes of Career Commitment in Three Career Stage", Journal of Vocational Behavior, 44, pp.1-16

경력몰입의 기능과 관련하여 볼 때 하나의 경력에 대해 몰입하는 정도가 크다는 것은 어떤 한 개인이 경력목표를 추구하는 과정에서 방해물과 장애물에 부딪혔을 때 이를 딛고서 경력목표를 추구해 나가려는 지속성을 반영한다. 또한 경력몰입이 떨어지는 사람은 경력목표 달성에 매진하기 보다는 경력의 변화를 모색하려 할 것이다. 한 예로, 개업변호사로서 경력에 강하게 몰입하는 변호사는 유명해질 때까지 재정상의 어려움이나 전문직으로서의 고됨을 참을 수 있다. 반면에 경력몰입이 덜 한 변호사는 정부기관이나 민간기업에서 일하기 위해서는 개업변호사를 포기하거나 심지어 변호사로서의 일을 그만 둘지도 모른다.[45] Hall(1971)은 조직에서 개인이 심리적 경력성공을 느끼는 과정이론을 개발하였다. <그림 2-1>을 보면 개인에게 도전적인 직무를 주고 업무수행의 자율성을 부여하면 경력목표에 대해 몰입하게 되고 그것이 스스로의 노력과 더불어 적절한 지지와 피드백이 주어질 때 경력목표달성으로 이어지며 이때 개인은 심리적 성공을 경험하게 된다. 심리적 성공감이란 경력의 궁극적인 목적으로서 일생에서 자신이 가장 중요하다고 여기는 목표를 성취했을 때 오는 자긍심이자 개인적 성취감이며 성취자세, 가족의 행복, 내적 평화와 같은 것들이다.[46] 그 결과로 자아존중감, 직무만족, 직무몰입이 향상되

---

44) Carson, K. D. & Bedeian, A. G.(1994), "Career Commitment: Construction of a Measure and Examination of Its Psychometric Properties", Journal of Vocational Behavior, 44, pp.237-262

45) Colarelli & Bishop(1990), op cit.

고 이것이 동기부여를 함으로서 연속해서 업무수행에서 직
무도전감과 자율성의 조건이 주어지면 경력목표에 대한 몰
입으로 연결되어 성공이 다시 성공을 부르는 심리적 성공
의 선순환이 계속된다는 것이다.

<그림 2-1> Hall의 경력개발의 심리적 성공모형

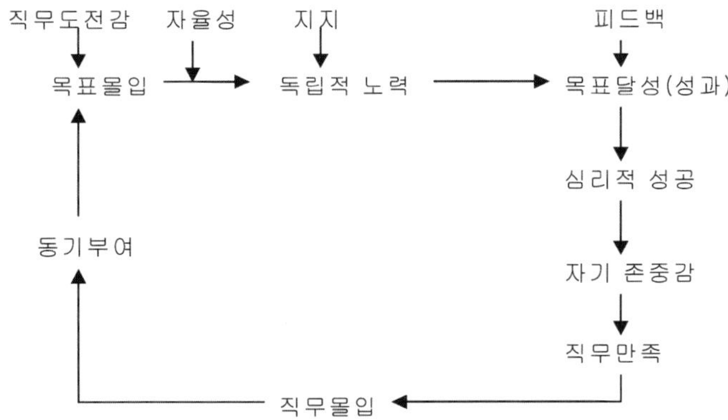

출처: Hall, D. T.(1971), "A Theoretical Model of Career Subi-
    dentity Development in Organizational Settings", Organi-
    zational Behavior and Human Performance, 6

Aryee & Tan(1992)은 경력몰입을 특정분야에서 일련의
관련된 직무들에 대한 동일시를 나타내는 감정적인 개념이
며 행동 면에서는 경력목표추구에 있어 어려움에 대처할 수
있는 사람이 가지는 자신의 전문 분야에 대한 심리적 애착

46) Hall, D. T.(1996), Introduction: Long Live the Career-A Relational
    Approach. In Hall D. T.(Eds), The Career is Dead-Long Live the
    Career, San Francisco, CA: Jossey-Bass Publisher

및 현재의 전문 분야와 관련된 일련의 직무를 지속적으로 수행하고자 하는 확고한 심리적 상태라고 정의하였다.[47]

Carson & Bedeian(1994)은 Hall(1971)의 경력몰입 개념과 London(1983)의 경력동기부여 모형[48]에 기초하여 경력몰입을 정의하였다. 즉 경력몰입을 3개의 구성요소로 이루어진 다차원의 개념으로 파악하고 있다. 3개의 구성요소는 첫째, 자신의 경력과 친밀한 감정적 동화를 하게 되는 경력정체성, 둘째 자신의 개발욕구를 명확히 하고 경력목표를 세우는 경력계획, 마지막으로 경력개발과정 중에 일어나는 어려움으로 인한 경력단절을 극복 할 수 있는 경력탄력성으로 구분하였다.[49]

또한 Kaldenberg, Becker & Zvonkovic(1995) 등에 따르면 여러 몰입 예를 들면 직무몰입, 전문직업몰입 그리고 조직몰입은 준거대상에 따라 차이를 보이는 것이지 몰입의 이론적인 핵심은 동일한 것으로 보고 있으며[50] 몰입의 종류를 가장 체계적으로 분류한 것으로 언급된 Morrow(1983)도 몰입에 있어 강조되는 성격은 몰입의 준거대상과는 관계없이 어떤

---

47) Aryee, S. & Tan, K.(1992), "Antecedents and Outcomes of Career Commitment", <u>Journal of Vocational Behavior</u>, 40, pp.288-305

48) London, M.(1983), "Toward a Theory of Career Motivation", <u>Academy of Management Review,</u> 8, pp.620-630

49) Carson & Bedeian(1994), op cit.

50) Kaldenberg, D. O., Becker, B. W. & Zvonkovic, A.(1995), "Work and Commitment Among Young Professionals: A Study of Male and Female Dentists", <u>Human Relations</u>, 48(11), pp.1355-1377

공통적인 특성과 관련된 것으로 보고 있다[51].

　한편 경력몰입과 전문직업몰입을 동일한 개념으로 간주하는 연구자들이 있는 반면 또 다른 일군의 연구자들은 두 개념을 구별하여 활용해야 한다는 주장이 있다. 먼저 Morrow(1983)와 Mathieu & Zajac(1990)[52]은 두 개념을 구분하지 않고 이들 간의 본질적인 개념적 차이를 수반하지 않는 것으로 보았으며 Hall(1976)과 장은미(1997)는 전문직업몰입을 전문지식을 가지고 전문직종의 업무특성과 윤리성을 가지는 것으로 보았으며 경력몰입은 전문가가 아닌 일반사람들이 자신의 경력에 몰입하는 현상으로 보았다. 본 연구에서는 Hall(1976)과 장은미(1997)가 주장한 것처럼 호텔종사원을 전문가로 보아서 전문직업몰입이라 해야 하나 호텔기업에 종사하는 종사원에 대해 일반적으로 전문가라고 할 수 있는 객관적인 근거가 없으므로 Morrow (1983)과 Mathieu & Zajac(1990)의 주장을 따라서 두 개념을 구분하지 않고 경력몰입이라 표현하고자 한다.

---

51) Morrow, P. C.(1983), "Concept Redundancy in the Organizational Research: The Case of Work Commitment", <u>Academy of Management Review</u>, 8, pp.486-500

52) Mathieu, J. E. & Zajac, C. M.(1990), "A Review and Meta-Analysis of the Antecedents, Correlates and Consequences of Organizational Commitment", <u>Psychological Bulletin</u>, 108, pp.171-194

제2절 경력몰입관련 선행연구

경력몰입에 대한 연구는 크게 경력몰입과 관련된 용어, 경력몰입의 선행변수와 결과변수에 대한 연구로 나누어 볼 수 있다. 본 연구에서는 호텔기업의 종사원을 대상으로 한 경력몰입에 대한 선행연구가 없으며 국내에 있어 전문가를 대상으로 한 연구가 이루어지고 있는 경력몰입에 영향을 미치는 선행변수와 결과변수를 중심으로 살펴보고자 한다.

1. 용어관련

경력몰입에 대한 연구는 초기에 용어가 통일되지 못하여 여러 방향으로 나누어져 연구되어 왔으며 이는 크게 4가지로 나누어 볼 수 있다.

첫 번째, 경력몰입 또는 이와 유사한 용어를 사용한 연구이며 두 번째, 전문직업몰입이란 용어를 사용한 연구이며 세 번째, 직종몰입이란 용어를 사용한 연구이며 마지막으로 경력몰입, 전문직업몰입, 직종몰입 등의 용어의 혼용으로 나누어 볼 수 있다.

첫 번째로 연구방향은 경력몰입과 이와 유사한 용어를 사용한 연구로 경력돌출, 경력관여, 경력몰입, 수정된 경력몰입 등의 용어가 사용되었다.

먼저 경력돌출이란 개인의 전체적인 삶에서 직업과 경력의 중요성으로 정의[53]될 수 있는데 이와 관련된 연구로는 Wiener & Vardi(1980), Morrow & McElroy(1986) 등을 들 수 있으며 종사원들이 어떻게 차이를 보이는가를 보기보다는 직업계획에 보다 많은 관심을 보였다.[54][55] 다음으로 경력관여에 관한 것으로 Gould(1979)는 개인의 경력이 평가되는 선호도라고 정의[56]를 하였으며 Gould(1979), Steffy & Jones(1988), Steffy(1991)의 연구에서 경력관여는 신뢰성 있게 측정되었고 요인분석결과에서는 경력관련 변수들(경력계획, 개인적인 정체성 해결, 직무적응성)과도 구분되는 것으로 나타났다.[57] 경력몰입은 Blau(1985)가 Greenhaus(1971)

---

53) Greenhaus, J. H.(1971), "An Investigation of the Role of Career Salience in Vocational Behavior", Journal of Vocational Behavior, 1, pp.109-216

54) Wiener, Y. & Vardi, Y.(1980), "Relationships between Job, Organization and Career Commitment and Work Outcomes: An Integrative Approach", Organizational Behavior and Human Performance, 26, pp.81-96

55) Morrow, P. C. & McElroy, J. C.(1986), "On Assessing Measures of Work Commitment", Journal of Occupational Behavior, 7, pp.139-145

56) Gould, S.(1979), "Characteristics of Career Planners in Upwardly Mobile Occupation", Academy of Management Journal, 22, pp.539-550

57) Steffy, B. D. & Jones, J. W.(1988), "The Impact of Family and Career Planning Variable on the Organizational, Career and Community Commitment of Professional Women", Journal of Vocational Behavior, 32, pp.196-212

의 척도와 기타 척도들의 부족한 부분에 대응하여 개발한 것으로 개인의 전문직업 또는 직업에 대한 태도라고 정의하였다. 마지막으로 수정된 경력몰입은 경력몰입의 개념과 측정이 Porter, Steers, Mowday & Boulian(1974)의 조직몰입 개념화와 측정도구58)에서 직접적으로 빌려온 경우로 Colarelli & Bishop(1990)은 경력몰입을 개인의 경력목표의 개발, 애착, 동일시, 관여 등으로 정의하였는데 이러한 정의는 조직몰입 정의와 유사한 것이다. 그래서 경력몰입의 측정은 조직몰입의 측정문항에서 조직을 경력으로 대처하여 이루어졌다.

두 번째로 전문직업몰입이란 용어를 사용한 연구로 전문직업몰입과 관련하여 이루어진 연구로는 로컬(Locals)/코스모폴리탄(Cosmopolitans), 전문가주의, 수정된 전문직업몰입 등을 들 수 있다.

먼저 코스모폴리탄(Cosmopolitans)이란 조직에 대한 충성심이 낮고 전문화된 역할기술에 대한 몰입이 높으며 외부의 준거집단 지향성을 사용하기 쉬운 사람을 말하며 로컬(Locals)은 이와 상반된 경우를 말한다. 즉 종사원이 코스모폴리탄(Cosmopolitans)인 경우 충성심은 자신의 일 또는 전문직업에 주로 달려 있으며 대조적으로 로컬(Locals)의 종사원은 작업이 이루어지는 기업, 조직, 지역사회에 충성심을 보인다고 하였다.59) 이러한 구분은 조직에 대한 몰입과 전

---

58) Porter, L. W., Steers, R. M., Mowday, R. T. & Boulian, P. V.(1974), "Organizational Commitment, Job Satisfaction and Turnover Among Psychiatric Technicians", <u>Journal of Applied Psychology</u>, 59, pp.603-609

문직업에 대한 몰입 간의 차이를 강조하는 것이다.

전문가주의는 개인이 전문직업의 이상에 대해 동의하는 정도에 관한 것으로 Hall(1968)과 Kerr, VonGlinow & Schriesheim(1977)에 의하면 전문직업 및 동료 전문가와의 동일시, 높은 직업윤리, 동료에 의한 기준 유지, 작업 및 전문직업에 대한 몰입, 자율성, 전문성 등의 특성을 갖는다고 하였다.

수정된 전문직업몰입은 개인의 전문직업에 대한 동일시와 관여의 상대적인 강도[60]로서 Porter, Steers, Mowday & Boulian(1974)의 조직몰입 구성개념에서 도출한 것으로 조직 대신 전문직업이라는 용어를 대신함으로써 조직몰입을 측정하는 한 것으로 조직몰입의 개념을 전문직업몰입의 개념과 보완적으로 보는 것이다. 이는 조직몰입과 전문직업몰입은 대상이 다른 것일 뿐 몰입이 갖는 특성은 조직몰입과 전문직업몰입이 똑같이 갖고 있다는 관점에서 비롯된 것이다.

세 번째 직종몰입이란 용어를 사용한 연구로서 Meyer, Allen & Smith(1993)는 몰입에 대한 연구[61]에서 직종, 전문

---

59) Gouldner, A. W.(1957), "Cosmopolitans and Locals: Toward an Analysis of Latent Social Roles- I ", <u>Administrative Science Quarterly</u>, 2, pp.281-306

60) Aranya, N., Pollock, J. & Amernic, J.(1981), "An Examination of Professional Commitment in Public Accounting, Accounting", <u>Organization & Society</u>, 6, 1, pp.271-280

61) Meyer, J. P., Allen, N. J. & Smith, C. A.(1993), "Commitment to Organization and Occupations: Extension and Test of Three-Component Conceptualization", <u>Journal of Applied Psychology</u>, 78, pp.538-551

직업, 경력 등의 용어가 상호교환적으로 사용되고 있음을 주장하며 전문직업이라는 용어보다는 직종이란 용어를 사용하였다. 그 이유는 전문 직업몰입의 경우 전문가뿐만 아니라 비전문가도 자신이 수행하고 있는 일에 대해 몰입을 경험할 수 있기 때문에 용어가 적절하지 않다고 하였으며 경력몰입의 경우에는 경력이 노동시장으로의 진입에서부터 은퇴까지의 계획된 작업패턴 또는 특정 직무, 조직, 직종 또는 는 전문직업에의 관여로 정의될 수 있어 경력이란 용어의 모호성을 지적하였다. 그러므로 직종몰입이란 용어의 사용은 경력몰입에서 경력이란 용어가 갖는 모호성을 극복하고 전문직업몰입의 대상이 전문직업인으로만 국한되는 것을 뛰어넘기 위한 것이라고 주장하고 있다.

마지막 연구의 형태로 경력몰입, 전문직업몰입, 직종몰입 등의 용어가 혼용되어 사용되는 것으로 이 연구는 두 가지 측면이 있다. 먼저 이들 용어를 상호교환적으로 보는 연구와 분리해서 보는 연구로 나누어 볼 수 있다.

먼저 경력몰입, 전문직업몰입, 직종몰입을 구분하지 않는 연구로 Morrow(1983), Mathieu & Zajac(1990), McElroy, Morrow, Power & Lqbal(1993)[62], Meyer, Allen & Smith(1993), 이기효(1994)[63], 장재윤(1996)[64] 등의 연구에서

---

62) McElroy, J. C., Morrow, P. C., Power. M. L. & Iqbal, Z.(1993), "Commitment and Insurance Agents' Job Perceptions, Attitudes and Performance", Journal of Risk and Insurance, 60, pp.363-384

63) 이기효(1994), "이직의도 인과모형의 실증연구: 종합병원 종사원을 대상으로", 성균관대학교 박사학위논문

64) 장재윤(1996), "개발 전문가의 조직적응: 조직몰입 및 전문 분

는 연구상황에 따라 보다 적합하다고 여겨지는 용어를 선택하여 사용하였다. 그리고 경력몰입, 전문직업몰입, 직종몰입을 구분하여 사용한 연구로는 Hall(1976), Colarelli & Bishop(1990), 장은미(1997)는 전문직업몰입 대신에 경력몰입이라는 용어를 사용하는 연구들은 대부분 전문직업몰입은 전문직업을 갖고 있는 사람들에게 해당되는 것으로서 전문가가 아닌 일반사람들도 자신의 경력에 몰입할 수 있다고 하였다.

결론적으로 경력몰입, 전문직업몰입, 직종몰입 등은 대체적으로 상호교환적으로 사용되어 왔으며 어떤 용어를 사용하느냐는 주로 연구대상이 누구인가에 따라 차이를 보이는 경향이 있다. 즉 연구대상이 전문직 종사자일 경우에는 전문직업몰입이라는 용어를 사용하는 경향이 있으며 비전문직 종사자는 경력몰입이나 직종몰입이라는 용어를 사용하는 것이다.

2. 경력몰입의 선행변수와 결과변수

1) 경력몰입의 선행변수

경력몰입의 선행변수에 대한 연구는 일정 부분 진행되었으나 조직몰입에 비해 체계적인 연구의 축적은 부족한 실정이다. 지금까지 연구되어온 경력몰입의 선행변수로는 개

야몰입", 서울대학교 박사학위논문

인특성, 직무특성, 역할특성, 사회적 지원, 경력특성 등으로 나누어 논의되어왔다.(Blau, 1985; Colarelli & Bishop, 1990; Cherniss, 1991; Aryee & Tan, 1992; Aryee, Chay & Chew, 1994; 장재윤, 1996; 이기은, 2000; 최윤아, 2000; 고현철, 2004)

(1) 개인특성

경력몰입에 영향을 미치는 개인특성변수로 성장욕구, 통제의 위치, 자아존중감, 감정 성향, 부모의 사회적 지위, 작업에 대한 가치, 집단(개인)주의 등을 바탕으로 연구가 이루어졌다. 본 연구에서는 개인특성변수로 선행연구에서 많이 사용되고 경력몰입과 상관관계가 높으며 유의적 관계가 없는 변수를 제외한 성장욕구, 통제의 위치, 자아존중감을 가지고 경력몰입에 영향을 미치는 관계를 분석하고자 하며 다음 <표 2-3>은 개인특성관련 변수로 사용된 변수와 연구자를 정리한 것이다.

<표 2-3> 개인특성관련 변수

	성장 욕구	통제의 위치	자아 존중감	감정 성향	부모의 사회적 지위	작업에 대한 가치	집단 (개인) 주의
Gould(1971)		○	○				
Blau(1985)	○	○					
Darden et al. (1989)					○	○	
Colarelli & Bishop(1990)		○					
Cherniss(1991)			○				
Reilly & Orsak(1991)				○			
Carson et al. (1997)			○				
Irving et al. (1997)		○					
이성만(2000)							○
최윤아(2000)	○	○					
임범식 & 탁진국(2002)*	○	○	○				
이기은 & 박경규(2002)		○					

* 유의적 관계가 없음.

① 성장욕구강도

성장욕구강도는 Alderfer의 ERG이론 가운데 성장욕구와 관련된 개념으로서 직무를 통한 자기개발 욕구가 얼마나 되는가 또는 Maslow의 욕구단계이론 중 상위단계 욕구인 자아존중의 욕구, 자아실현의 욕구를 의미한다. 즉 직무수행에 있어서 새로운 학습기회가 주어지기를 바라고 자신의 도전감을 발휘하고자 하는 개인적 욕구이다.[65] 이러한 성장욕구는 자신의 경력 분야에 있어서 경력개발과 타인으로부터의 인정에 대한 관심, 자신의 능력과 기량을 발휘하고자 하는 욕구 등으로 나타난다.[66]

Blau(1985)의 간호사를 대상으로 한 연구에 의하면 성장욕구 강도는 경력몰입과 정적인 관계를 가지는 것으로 나타났으며 특히 전문가로서 성장욕구가 강한 사람은 자신에게 주어지는 성장기회에 대해서 더욱 적극적으로 반응하며 직무가 주는 도전감이 증가할수록 내적동기가 커지고 자신의 성취욕구와 자아실현 욕구를 만족시키기 위해서 어려운 과업을 선호하고 좋은 결과를 내기 위해서 노력을 기울이며 자신의 기량과 전문성을 활용할 수 있는 기회를 탐색한다.[67] 이것은 현재의 경력이 모티베이터의 역할을 지속적으로 해주기 때문이다. 만약 성장욕구가 높은 사람에게 경력이 그러한 모티베이터의 역할을 하지 않는다면 경력을 바꿀 것이기 때문이다.

---

65) 최윤아(2000), "경력몰입의 선행요인과 결정요인에 관한 연구", <u>비서학논총</u>, 제9권 제1호, p.42

66) Steers, R. M, Porter, L. w. & Bigley, G. A.(1966), <u>Motivation and Leadership at Work</u>, New York: McGraq-Hill

67) London, M.(1983), "Toward a Theory of Career Motivation", <u>Academy of Management Review</u>, 8, pp.620-630

48

② 통제의 위치

통제의 위치는 자신이 자신의 생활상의 사건에 영향을 미
칠 수 있는가 하는 자신의 능력에 대한 평가라고 정의할 수
있으며 자신이 얻는 결과를 자신이 얼마나 통제할 수 있다
고 믿는지에 따라 내재론자와 외재론자로 구분할 수 있다.
Rotter(1966)에 의하면 내재론자는 자신에게 일어나는 사건
에 대해 스스로 통제할 수 있다고 믿음을 갖고 있는 반면
외재론자는 심리적 강화가 운이나 타인의 권력과 같은 외부
적인 상황에 의해서 이루어진다고 한다.68) 즉 자신의 운명을
스스로 통제할 수 있다는 믿음이 큰 내재론자일수록 자신의
업무파악 및 업무에 필요한 지식 등을 잘 이해하고 자신에
게 중요한 업적, 이익이 될 수 있는 것에 대해 통제 가능성
이 크다고 한다. Colarelli & Bishop(1990), Irving, Coleman
& Cooper(1997), Blau(1985)의 연구에서 통제위치가 내적인
경우에 경력몰입이 높게 나타난다고 하였다.69) 이는 통제의
위치가 내적인 경우에는 환경의 영향을 적게 받기 때문으로
보이며 또한 내재론자들은 자신의 운명과 삶을 통제할 수
있다고 보기에 자신이 종사하고 있는 직업에 대해 외재론자

---

68) Rotter, J. B.(1966), "Generalized Expectancies for Internal
    versus External Control of Reinforcement", <u>Psychological
    Monographs,</u> 80, pp.1-26

69) Irving, P. G., Coleman, D. F. & Cooper, C. L.(1997), "Further
    Assessments of a Three-Component Model of Occupational
    Commitment: Generalizability and Differences Across Occupa-
    tions", <u>Journal of Applied Psychology,</u> 82, pp.444-452

보다 더욱 몰입하는 것으로 보인다.

③ 자아존중감

자아존중감은 자신을 유능하고 중요하다고 여기는 정도로
서 Pierce & Gardner(2004)는 자아존중감은 직무만족, 조직
몰입, 동기, 조직시민행동, 이직의도 및 다른 중요한 조직관
련 태도나 행동에 영향을 미친다고 하였다. Gould(1979),
Carson, Lanford & Roe(1997), Cherniss(1991)는 자아존중감
과 경력몰입이 상관이 있다고 하였다.
특히 Cherniss(1991)는 전문가의 경력몰입에 있어 핵심이
되는 요인으로 자아존중감을 언급하면서 자신의 일에 대해
유능하다고 느끼는 경우 경력몰입이 높아질 수 있으며 전
문적인 개발경험은 자아존중감을 높임으로써 경력몰입이
높아질 수 있다고 하였다.[70]

④ 기 타

위에서 언급한 특성들 외에 많은 연구자들에 의해 경력몰
입에 영향을 미치는 선행변수 중에 개인특성으로 여러 특성
들이 제시되었다. 먼저 감정 성향은 Reilly & Orsak(1991)의
연구에서 작업스트레스, 정서적인 탈진, 비개성화, 낮은 성취

---

70) Cherniss, C.(1991), "Career Commitment in Human Service
    Professionals: A Biographical Study", Human Relations, 44,
    pp.419-437

감 등의 부정적인 감정 성향과는 부(-)의 관계가 긍정적인 감정 성향과는 정(+)의 관계가 있는 것으로 나타났으며 부모의 사회적 지위와 작업에 대한 가치는 Darden, Hampton & Howell(1989)의 연구에서 두 변수 모두 경력몰입에 정(+)의 관계가 있는 것으로 나타났다. 그리고 집단(개인)주의는 Moorman & Blakerly(1993)의 연구에서 처음으로 이중몰입에 영향을 미치는 변수로 사용되었는데 집단(개인)주의의 성향이 강(약)할수록 혼자보다 동료와 함께 일하는 것을 선호하며 집단의 이익을 위해 자신을 희생해야 한다고 생각 할수록 조직(직업)몰입의 수준이 높(낮)은 것으로 나타났으며 이성만(2000)의 연구에서도 동일한 결과가 도출되었다.

(2) 직무특성

오늘날 조직구성원들은 조직에 대한 충성을 중요시했던 가치기준에서 벗어나 오히려 담당직무에 대한 전문성을 갖추는데 더 많은 관심을 보이고 있으며[71] 자신에게 맞는 직업을 선택하는 것이 경력에서 매우 중요한 부분이기 때문이다. 이런 직무와 관련해서 경력몰입 간의 관계에 대한 연구들은 주로 경력동기부여라는 개념을 이용하여 동기유발적인 직무특성과의 관계를 살피는 것이었다. London & Mone(1987)는 사람들이 바람직하지 못한 직무특성과 상황적인 제약조건에 대응하는데 노력을 집중해야 하는 경우 경력몰입 수준이 낮아진다고 하였으며[72] Aryee, Chay &

---

71) 김홍국(2000), 경력성공의 이론과 실체, 다산출판사

Chew(1994)는 경력단계의 도입기, 확립기, 유지기 등 모든 경력단계에서 직무의 동기부여 잠재력이 클수록 경력몰입이 증가한다고 하였다. 또한 개인－직무 간의 적합도, 직무도전성, 직무자율성 등이 경력몰입을 높이는 것으로 나타났다. 본 연구에서는 직무특성변수로 선행연구에서 많이 사용되고 경력몰입과 상관관계가 높으며 유의적 관계가 없는 변수를 제외한 개인－직무 간의 적합도, 직무도전성, 직무자율성을 가지고 경력몰입에 영향을 미치는 관계를 분석하고자 하며 다음 <표 2-4>는 직무특성관련 변수로 사용된 변수와 연구자를 정리한 것이다.

---

72) London, M. & Mone, E. M.(1987), Career Management and Survival in the Work Place, San Francisco, Jossey-Bass

<표 2-4> 직무특성관련 변수

	개인-직무 간의 적합도	직무 도전성	직무 자율성	직무 적응성	동기 유발 잠재력	직무 만족	직무 특성	직무 중요도
Cherniss (1991)						○		
Aryee & Tan(1992)		○						
McElroy et al.(1993)			○					
Aryee et al (1994)					○			
Blau(1999)						○		
장재윤(1996)	○							
이성만(2000)			○					
이기은(2000)	○	○	○					
최윤아(2000)					○			
이기은 외 (2001)	○		○					
Goulet & Singh(2002)	○					○		
이기은 & 박경규(2002)	○	○	○					○
임범식 & 탁진국(2002)*				○			○	
고현철(2004)*		○	○					

* 유의적 관계가 없음.

① 개인-직무의 적합도

개인-직무 적합도는 개인의 능력과 직무 요건 간의 조화 또는 개인의 필요 또는 욕구와 직무가 제공하는 내·외적 보상 간의 조화로 정의된다.[73] 즉 개인-직무 적합도는 직무와 직무수행자 간의 상호 유기적인 조화를 말하며 직무적합성의 결과는 직무에 대한 긍정적인 태도나 행위로 나타나게 된다.[74]

개인이 갖추고 있는 능력 및 적성과 직무가 요구되는 자격 요건 간에 불균형이 나타날 경우 자격과잉 혹은 자격미달 현상으로 나타나 조직과 개인 모두에게 바람직하지 못한 결과를 가져온다. 자격과잉의 경우 해당 종사원은 수행하는 직무에 만족하기 어려우며 자격미달인 경우 해당 종사원은 직무에 대한 두려움, 성과미달로 인한 보상의 삭감 등에 대한 불만감을 갖게 된다.[75]

Dawis & Lofquist(1984)가 발표한 작업적응이론은 적합성 연구의 시작이 되었다. 즉 직무만족은 개인의 작업흥미 정도나 작업환경에 의해 높아지기보다는 개인의 작업흥미

---

73) Edwards, J. R.(1991), Person-Job fit: A Conceptual Integration, Literature Review and Methodological Critique, In Cooper, C. L. & Robertson, I. T.(Eds), International Review of Industrial and Organizational Psychology, New York: Wiley, pp.283-357

74) 이재규·조영대(1994), "직무적합성이 갈등관리방법과 직무만족에 미치는 영향", 경영학연구, 제23권 제2호, pp.313-329

75) 박경규(2002), 신인사관리, 홍문사

54

와 작업환경이 제공하는 환경이 적합할 때 직무만족이 높아진다는 것이다.76) 이후 개인-조직 적합도(Chatman 199177); O'Reilly et al. 199178))와 개인-직무 적합도(Hollenbeck 198979); O'Reilly 197780))로 나누어 연구가 이루어 졌는데 이 두 연구들은 직무만족과 관련이 있는 것으로 나타났다. 하지만 직무만족이 직무수행자가 직무로부터 원하는 것과 직무가 제공하는 것 사이의 차이로 정의될 경우 개인-직무 적합도가 조직 적합도보다 직무만족에 더 많은 영향을 미치는 것으로 나타났다.81)82) 이렇듯 개인-직무의 적합도에 대한

---

76) Dawis, R. V. & Lofquist, L. H.(1984), A Psychological theory of Work Adjustment, Minneapolis, MN,: University of Minnesota Press

77) Chatman, J. A.(1991), "Matching People and Organizations: Selection and Socialization in Public Accounting Firm", Administrative Science Quarterly, Vol 36, pp.459-484

78) O'Reilly, C. A., Chatman, J. A. & Caldwell, D. F.(1991), "People and Organizational Culture: A Profile Comparison Approach to Assessing Person-Organizational Fit", Academy of Management Journal, Vol 34, pp.487-516

79) Hollenbeck, J. R.(1989), "Control Theory and the Perception of Work Environment: The Effects of Focus of Attention on Affective and Behavioral Reactions to Work", Organizational Behavior and Human Decision Process, Vol 43, pp.406-430

80) O'Reilly, C. A.(1977), "Personality-Job Fit: Implications for Individual Attitudes and Performance", Organizational Behavior and Human Performance, Vol 18, pp.36-46

81) Kristof-Brown, A. L.(1996), "Person-Organization Fit: An Integrative Review of its Conceptualizations, Neasurement and Implications", Personnel Psychology, Vol 49, pp.1-49

연구들에서는 이것이 일치 되느냐에 따라 종사원의 직무스
트레스, 동기수준, 직무만족 등과 같은 태도에 영향을 준다
고 한다. 개인이 담당하는 직무와 전공이 일치하는 경우 자
신의 전문성을 향상시킬 수 있어 자신의 전문직업에 대해
지속적으로 몰입할 것이다. 또한 전문가가 자신의 전공 분
야를 제대로 활용할 수 있는 경우 자신의 전문성을 통해
조직에서 인정받을 수 있으며 이는 조직에 대한 몰입으로
이어질 수 있을 것이다. 장재윤(1996), 이기은, 최순재 & 박
경규(2001)[83], 이기은·박경규(2002), Goulet & Singh(2002)
의 연구에서 개인-직무의 적합도는 경력몰입에 영향을 미
친다고 하였다.

② 직무도전성

직무도전성은 직무가 반복적이거나 일상적이지 않으며 자
신의 능력을 개발하기 위해 새롭게 노력을 들여야 하는 정도
라고 정의할 수 있다.[84] 즉 직무도전성은 직무의 도전적 성격
을 나타내는 것으로 업무가 비일상적이며 흥미롭고 새로우며

---

82) Saks, A. M. & Ashforth, B.(1997), "A Longitudinal Investigation
   of the Relationships Between Job Information Sources, Applicant
   Perceptions of Fit and Work Outcomes", Personnel Psychology,
   Vol 50, pp.395-426

83) 이기은, 최순재 & 박경규(2001), "경력몰입의 결정요인과 효과
   에 관한 연구", 인사·조직연구, 제9권 제2호, pp.177-214

84) Quinn, R. P. & Staines, G. L.(1979), The 1977 Quality of
   Employment Survey, Institute for Social Research, University
   of Michigan, Ann Arber, Michigan

개인의 교육과 능력에 일치할 때 느끼는 것으로 전문가의 직무도전성에 관한 Miller(1986)의 연구에서는 전문가는 성장욕구가 높고 성취 지향적이며 도전적인 업무를 수행하므로[85] 전문가가 수행하는 직무가 도전적일 수록 흥미를 유발시켜 더욱 자신의 전문직업에 대해 몰입하게 되는 것이다. 교사와 간호사를 대상으로 한 Aryee & Tan(1992)과 연구소 연구원을 대상으로 한 이기은·박경규(2002)의 연구에서 직무도전성은 경력몰입에 영향을 미친다고 하였다.

③ 직무자율성

직무자율성은 작업수행방법, 일정계획 수립, 그리고 작업기준 등을 결정하는데 개인에게 주어진 재량권의 정도로 정의될 수 있으며[86] 이런 직무자율성이 높을수록 자신의 발전을 꾀할 수 있으므로 자신의 전문직업에서의 경력을 발전시키는데 도움이 되기에 자신의 전문직업에 더욱 몰입[87]할 수 있으며 이러한 환경을 제공해주는 조직에 대해서도 긍정적인 태도를 갖고 몰입할 수 있다고 한다. McElroy et al.(1993), 이기은, 최순재 & 박경규(2001), 이기은·박경규(2002)의 연구에 의하면 직무자율성은 경력몰입

---

85) MIller, D. B.(1989), <u>Managing Professionals in Research and Development,</u> San Francisco, Jossey-Bass Publishers

86) Breaugh, J. A.(1985), "The Measurement of Work Autonomy", <u>Human Relations,</u> 38, pp.551-570

87) Kerr et a.l(1977), op cit.

에 영향을 미친다고 하였다.

(3) 역할특성

경력몰입에 영향을 미치는 역할특성변수로 역할모호성, 역할갈등, 역할 간 갈등, 역할명확성 등을 바탕으로 연구가 이루어졌다. 본 연구에서는 역할특성변수로 선행연구에서 많이 사용되고 경력몰입과 상관관계가 높으며 유의적 관계가 없는 변수를 제외한 역할모호성, 역할갈등을 가지고 경력몰입에 영향을 미치는 관계를 분석하고자 하며 다음 <표 2-5>는 역할특성관련 변수로 사용된 변수와 연구자를 정리한 것이다.

<표 2-5> 역할특성관련 변수

	역할모호성	역할갈등	역할 간 갈등	역할명확성
Blau(1985)	○			
Darden et al.(1989)		○		○
Colarelli & Bishop(1990)	○	○	○	
장재윤(1996)		○		
최윤아(2000)	○	○*		
임범식 & 탁진국(2000)	○*	○		

* 유의적 관계가 없음.

58

① 역할모호성

역할모호성은 Kahn et al.(1964)에 의해서 역할 동태성 이론을 통해 역할스트레스 안에 있는 역할갈등과 함께 구분하였다.[88] 역할모호성은 주어진 조직 내 지위와 관련하여 필요한 정보가 부족할 때 야기되어 역할수행자가 명확한 기대와 대처행동을 갖지 못하게 된다. 이는 결국 자신의 역할에 불만족하게 되고 불안감을 경험하게 되며 업무수행을 효과적으로 하지 못하게 될 것이라 가정하였다.[89] 이러한 가정은 Brief & Aldag(1976)[90], Caplan & Jones(1975)[91], Miles(1975, 1976) 등의 실증연구를 통해 역할모호성을 경험한 종사원은 스트레스와 긴장감, 불안감을 느끼는 것으로 밝혀졌다. Blau(1985)는 역할모호성이 높을수록 경력몰입이 낮아진다는 연구결과를 도출하였으며 또한 Colarelli & Bishop(1990)의 연구에서도 역할모호성은 관리자와 전문가 모두에

---

88) Kahn, R. D., Wolfe, R., Quinn, J., Snoek, & Rosenthal, R.(1964), Organizational Strees: Studies in Role Conflict and Ambiguity, New York: Wiley

89) Sims, H. P., Szilagyi, A. D. & Keller, R. T.(1976), "The Measurement of Job Characteristics", Academy Management Journal, 19, pp.195-212

90) Brief, A. P. & Aldag, R. J.(1975), "Employee Reactions to Job Characteristics: A Constructive Replication", Journal of Applied Psychology, 60, pp.182-186

91) Caplan, F. D. & Jones, K. W.(1975), "Effects of Work Load Ambiguity and Type A Personality on Anxiety, Depression and Heart Rate", Journal of Applied Psychology, 60, pp.713-719

게 유의한 음(−)의 상관관계를 갖는 것으로 나타났다.

② 역할갈등

역할갈등은 개인에게 기대하는 행동이 일관되지 않을 때 역할갈등을 경험한다고 한다. Steers & Black(1994)은 두 가지 이상의 압력이나 기대가 동시에 발생하는 것을 역할 갈등이라고 정의하였으며 이런 역할갈등은 역할모호성과 마찬가지로 스트레스와 불만을 유발하고 업무수행을 효과 적으로 하지 못하게 한다.

Darden, Hampton & Howell(1989)은 역할갈등은 경력몰 입에 간접적으로만 영향을 미친다[92]고 하였으며 장재윤 (1996)은 역할갈등과 경력몰입은 상관관계가 있었으며 역할 갈등이 낮을수록 전문가의 조직과 경력에 대한 이중몰입이 높아진다고 하였다. 한편 Hamner et al.(1998)은 조직 내에 서 지위가 높고 감독과 관리직에 있는 종사원보다 지위가 낮고 비관리직에 있는 종사원에게 직무만족의 예측치로서 역할갈등이 더 중요하다고 주장하였다.[93]

---

92) Darden, W., Hampton R. & Howell, R.(1989), "Career versus Organizational Commitment: Antecedents and Consequences of Retail Salespersons Commitment", Journal of Retailing, 65, pp.80-106

93) Hamner, W. C. & Henry, L. T.(1998), "Relationshop of Role Conflict and Role Ambiguity to Job Involvement Measures", Journal of Applied Psychology, 7, pp.35-55

60

(4) 사회적 지원

1970년대 중반 예방심리학이 대두되면서 사회적 지원은
스트레스와 적응 간의 관계를 조절하는 핵심적인 변수로서
주목받기 시작했다. 이러한 사실은 사회적 지원을 통해 조
직생활에서 발생하는 스트레스를 완화시키고 개인수준의
결과변수들에 긍정적인 영향을 미침으로써 조직유효성을
제고시킬 수 있도록 조정하는 것이 가능하다는 의미를 함
축하고 있다. 사회적 지원은 개인의 대인관계에서부터 제공
되는 다양한 지원으로 정의될 수 있다.94)

높은 수려는 의도와 긍정적으로 연관되어 있고 장기적으
로는 조직에 대한 몰입과 긍정적으로 연관되어 있다는 것
이 증명되어져 왔다. 또한 한 개인과 동일한 조직에 속해
있는 지원자들은 경험과 태도 측면에서 유사성을 지니고
있으므로 그 지원자들로부터 도움을 받는 것은 조직에 대
한 몰입을 증가시키면서 조직의 목표와 자신의 목표를 일
치시켜나가는 경향이 있다.95)

더불어 사회적 지원과 경력몰입의 관계에 대한 연구는
상사의 지원 또는 리더십 스타일, 동료의 지원, 가족 또는
배우자의 지원 등과 같은 사회적인 지원의 정도에 따라 경

---

94) Cohen, S. Wills, T. A.(1985), "Stress, Social Support and
    Buffering Hypothesis", Psychological Bulletin, 98, pp.310-357

95) Allen, N. J. & Meyer, J. P.(1990), "The Measurement and
    Actecedents of Affective, Continuance and Normative
    Commitment to the Organization", Journal of Occupational
    Psychology, 63, pp.1-18

력몰입의 수준이 달라진다는 연구결과들이 제시되고 있다.

사회적 지원이 누구에 의해 제공되는가에 따라 사회적 지원이 미치는 영향이 서로 다르게 나타난다는 점에서 사회적 지원을 원천별로 구분하는 것이 중요한 의미를 지닌다.

Calpan et al.(1975)은 사회적 지원을 상사, 작업동료, 가족 및 친구로 분류[96]하였으며 Beehr(1985)는 직무관련 지원과 비직무관련 지원으로 구분하고 직무관련 지원은 직장 내의 상사, 동료, 부하로부터 제공된 지원을 말하고 비직무관련 지원은 가족, 친구, 정신요법치료사, 카운셀러 등에 의해 제공된 지원이라 하였다.[97]

지금까지 연구된 경력몰입에 영향을 미치는 사회적 지원변수로 상사의 지원, 동료의 지원, 조직의 지원, 관리자의 지원, 가족의 지원, 리더십 스타일, 멘토, 보상 등을 바탕으로 연구가 이루어졌다. 본 연구에서는 사회적 지원변수로 선행연구에서 많이 사용되고 경력몰입과 상관관계가 높으며 유의적 관계가 없는 변수를 제외한 상사의 지원, 동료의 지원, 조직의 지원을 가지고 경력몰입에 영향을 미치는 관계를 분석하고자 하며 다음 <표 2-6>은 사회적 지원관련

---

96) Caplan, R. D., Cobb, S., French, Jr., Van Harrison, R. & Pinneau, Jr.(1975), Job Demands and Worker Health, Washington DC, US Department of Health, Education and Welfare, National Institute for Occupational Safety and Health

97) Beehr, T. A.(1985), The Role of Social Support in Coping with Organizational Stress, In Beehr, T. A. & Bhagat, R. S.(Eds), Human Stress and Coping in Organization: An Integrated Perspective, John Willy & Sons, pp.217-237

변수로 사용된 변수와 연구자를 정리한 것이다.

<표 2-6> 사회적 지원관련 변수

	상사의 지원	동료의 지원	조직의 지원	관리자의 지원	가족의 지원	리더십 스타일	멘토	보상
Blau(1985)						○		
Aranya et al. (1981)								○
Darden et al. (1989)		○				○		○
Colarelli & Bishop(1990)							○	
Noe et al. (1990)				○				
Cherniss(1991)			○					
Aryee & Tan (1992)					○			
Waterman et al. (1994)			○					
Aryee et al. (1994)	○							
Wallace(1995)		○						
장재윤(1996)		○						
이성만(2000)						○		
이기은 & 박경규(2002)	○	○	○					
고현철(2004)	○	○						

* 유의적 관계가 없음.

① 상사의 지원

상사의지원에 대해 Likert(1961)는 지원관계의 원천을 언급하면서 상사의 많은 지원은 지원의 좋은 관리를 의미하며 그것이 부하들로 하여금 그들의 직무에 더 효율적으로 적응하고 더 만족하게 한다고 하였[98]으며 Ohio 주립대학의 리더십 연구에서는 리더의 배려가 리더의 중요한 두 가지 행위 중의 하나로서 부하가 더욱 효율적이 되도록 도와주는 기능을 한다[99]고 하였다. 한편 조직연구자들이 역할스트레스에 대해 관심을 가지기 시작하면서 많은 실증연구들을 통해 좀 더 구체적으로 상사의 지원이 부하의 정신 및 신체적 건강상의 문제를 경감시키는데 도움이 된다고 밝혔다.[100] 즉 상사가 조직의 위계상 부하보다 높은 위치에 있어 더 강한 직무권한을 가지고 있기 때문에 그들의 관리적인 행동이 부하에게 상대적으로 중요한 위치를 점하며 부하의 육체적, 정신적 재해를 감소시켜 준다는 것이다. Darden, Hampton & Howell(1989)의 연구에서 상사의 리더십스타일은 경력몰입에 직간접적으로 영향을 미친다고 하였으며 특히 Terri & Ethlyn(2004)는 상사의 리더십 중 변혁적 리더십과 멘토링이

---

98) Likert, R.(1961), <u>New Patterns of Management: An Integrating Principle and an Overview</u>, McGraw-Hill, pp.217-237

99) 박내회(1997), <u>조직행동론</u>, 박영사, pp.280-286

100) Bhagat, R. S.(1983), "Effect of Stressful Life Event on Individual Performance, Effectiveness and Work Adjustment Process within Organizational Setting: A Research Model", <u>Academy of Management Review</u>, 8, pp.660-671

경력몰입에 영향을 미친다[101]고 하였다. 또한 Colarell & Bishop(1990)은 멘토가 경력몰입에 정(+)의 관계를 보인다고 하였으며 Aryee, Chay & Chew(1994)는 상사의 지원은 경력몰입과 긍정적인 관계를 가진다고 하였다.

② 동료의 지원

동료의 지원은 조직행동 분야에서 오랫동안 논의되어져 왔는데 그 주된 연구결과는 동료의 지원이 직무협조, 정보, 정서적 지원 등을 통해 스트레스의 유해한 효과를 완화시킬 수 있다는 것이다.[102] 예를 들어 Mayo의 호손실험에서는 동료들의 지원이 생산성 및 동기유발에 중요한 영향을 미친다는 것이 밝혀졌으며[103] Seashore(1957)는 그의 작업집단의 응집력에 대한 연구에서 동료들이 사회적 강화에 의해 강제적인 생산규범을 형성한다는 결론[104]을 맺고 있으며 Bower & Seashore(1966) 역시 그들의 리더십 4요인 이론에서 상사의 지원뿐 아니라 동료의 지원도 훌륭한 리더

---

101) Terri, A. S. & Ethlyn, A. W.(2004), "Mentoring and Trans-formational Leaderhip: The Role of Supervisory Career Mentoring", Journal of Vocational Behavior, 65, pp.448-468

102) Bowers, D. G. & Seashore, S. E.(1966), "Predicting Organizational Effectiveness with a Four-factor Theory of Leadership", Administrative Science Quarterly, 11, pp.238-263

103) 박경규(2001), 신인사관리, 홍문사

104) Seashore, S. E.(1957), "The Social Support of Colleagues and Group Coercion", Personnel Psychology, 11, pp.34-57

십을 위해 필수적이라 하였다. 특히 Wallace(1995)는 동료의 지원을 높게 평가하는 구성원의 경력몰입이 높게 나타났으며105) 장재윤(1996)도 역시 동료와의 관계가 좋을수록 조직과 경력에 이중몰입을 한다고 하였다.

③ 조직지원

조직지원이란 조직이 조직구성원의 공헌을 얼마나 존중해 주고 구성원의 복지후생 증진을 위해 얼마나 노력하느냐에 관한 조직구성원의 총체적인 신념으로 정의106)할 수 있으며 개인이 조직에 대해 애착을 갖고 열심히 노력하고자 하는 조직몰입과는 반대되는 방향의 개념으로서 조직이 조직구성원의 개인에 대하여 애착을 갖고 조직구성원의 복지를 위해 노력하는 것을 의미한다.

Kim et al.(2004)에 의하면 조직지원은 종사원의 직무만족에 긍정적인 영향을 미친다고 하였으며107) Cheriss(1991)는

---

105) Wallance, J. E.(1995), "Corporatist Control and Organizational Commitment Among Professionals: The Case of Lawyers Working in Law Firms", Social Forbes, 73, pp.811-839

106) Eisenberger, R., Huntington, R., Hytchinson, S. & Sowa, D.(1986), "Perceived Organizational Support", Journal of Applied Psychology, 71, pp.500-507

107) Kim, W. G., Leong, J. K. & Lee, Y. K.(2004), "Effect of Service Orientation on Job Satisfaction, Organizational Commitment, and Intention of Leaving in a Casual Dinning Chain Restaurant", International Journal of Hospitality Management, In Press

지원적인 조직분위기에서 전문직 종사원은 격려받을 수 있으며 어려운 경우에는 도움을 받을 수 있기에 경력몰입을 높일 수 있을 수 있을 것으로 주장하였다. London(1983)이 제시한 경력동기부여의 3개 하위차원 가운데에는 어려운 환경에서도 자신의 경력을 유지하려는 것을 경력회복이라고 하였는데 Cherniss(1991)는 이와 관련된 상황적인 특성으로 조직의 지원을 들고 있다. 또한 Waterman, Waterman & Collard(1994)는 개인의 경력계획이 성공하여 경력만족과 경력몰입을 갖기 위해서는 조직지원이 필요하다고 주장하였다.[108] 경력개발에서 종사원을 지원함으로서 종사원이 자신의 능력을 평가하고 향상시키게 도와줌으로서 노동시장에서 경쟁력을 유지하도록 도와줄 수 있기 때문이다.

(5) 경력특성

경력몰입은 근본적으로 경력과 관계된 것이기에 여러 경력특성변수들이 경력몰입에 직접적인 영향을 주는 것으로 예상할 수 있는데 실제로 경력특성변수와 경력몰입 간의 관계에 대한 연구는 많지 않은 실정이다.

경력몰입에 영향을 미치는 경력특성변수로 경력계획, 경력만족, 현 직무의 기대된 효용성, 성장기회, 경력정체성 해결, 경력변경 경험 유무, 미충족된 기대 등을 바탕으로 연구

---

108) Waterman, R. H., Waterman, J. A. & Collard, B. A.(1994), "Toward a Career-Resilient Workforce", Harvard Business Review, July-August, pp.87-95

가 이루어졌다. 본 연구에서는 경력특성관련변수로 선행연구에서 많이 사용되고 경력몰입과 상관관계가 높으며 유의적 관계가 없는 변수를 제외한 경력계획, 경력만족, 현 직무의 기대된 효용성, 성장기회를 가지고 경력몰입에 영향을 미치는 관계를 분석하고자 하며 다음 <표 2-7>은 경력특성관련 변수로 사용된 변수와 연구자를 정리한 것이다.

<표 2-7> 경력특성관련 변수

	경력 계획	경력 만족	현 직무의 기대된 효용성	성장 기회	경력 변경 유무	경력정체 성의 해결	미충족된 기대
Gould(1979)	○					○	
Steffy & Jones (1988)	○						
McGinnis & Morrow(1990)							○
Bedeian et al. (1991)			○				
Cherniss(1991)					○*		
Aryee & Tan (1992)		○		○			
Aryee et al. (1994)		○	○				
이기은(2000)		○	○	○			
이기은 & 박경규 (2002)		○	○	○			
고현철(2004)		○					

* 유의적 관계가 없음.

① 경력계획

  개인의 경력계획은 한 개인이 목표를 설정하고 설정된 목표를 성취하기 위해 수립하는 행동과정이나 수단으로 정의할 수 있다. Schein(1996)에 따르면 경력계획이란 개인이 주체가 되어 자신의 경력목표 달성을 위해 준비하는 것을 의미[109]하며 Feldman(1988)은 경력계획은 개인차원의 활동으로서 경력에 관한 자신의 능력과 경력의 기회에 대한 정보를 수집하고 이를 토대로 경력목표를 설정하며 설정된 목표를 달성하기 위해서 부단히 노력하는 하나의 과정으로 이해할 수 있다고 하였다.[110] 또한 Aryee & Debrah(1993)은 경력계획은 개인이 자기 결정적이고 작업생활에 대한 통제를 할 수 있게끔 만들어 주고 지속적인 경력단계를 통해 업무-직무-조직-산업 간의 이동성을 촉진시켜주며 각 인생단계마다의 개인성장을 원활하게 하고 유의미한 작업 외적역할의 발달을 촉진시켜 주기 때문에 개인수준의 경력계획이 중요하다고 하였다.[111]

  한편 경력계획의 과정에 대한 일반적인 모델은 Hall(1971)

---

109) Schein, E. H.(1996), "Career Anchors Revisited: Implications for Career Development in the 21st Century", <u>Academy of Management Executive</u>, Vol 10, No.4, pp.80-88

110) Feldman, D. C.(1988), <u>Managing Careers in Organizations</u>, Glenview Ⅲ: Scott, Foreman and Inc, p.26

111) Aryee, S. & Debrah, Y. A.(1993), "A Cross-Cultural Application of a Career planning Model", <u>Journal of Organizational Behavior</u>, 14, pp.119-127

에 의해 제안되었고 그것을 Hall & Foster(1977)가 수정하
였다.

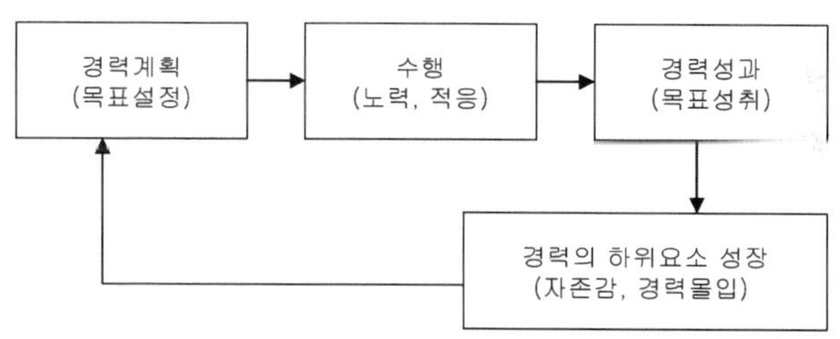

<그림 2-2> 경력계획 과정

자료: Hall, D. T. & Foster, L. W.(1977), "A Psychological
Success Cycle and Goal Setting: Goals, Performance
and Attitudes", Academy of Management Journal, 20,
pp.282-290

그 과정은 과제특성이 주어지면 목표가 생기고 이에 따
라 경력몰입을 하게 되고 경력동기 및 미래목표로 이루어
진다는 것이다. Gould(1979)는 이와 유사한 모델에 자기존
중감을 추가하여 경력계획을 세우면 경력전략이 만들어지
고 경력만족을 하게 되고 자기존중감, 경력몰입의 순환과정
을 제안하고 있다. 이렇듯 개인이 스스로 경력계획을 수립
하고 강력한 경력희망을 가지고 있으면 경력관리에 성공을
거둘 가능성이 높아진다는 것이 여러 연구에서 지지되고
있다.112)113)

---

112) Wentling, R. M.(1996), "A Study of the Career Development
and Aspiration of Woman in Middle Management", Human

또한 Ginzberg & Baroudi(1988)의 연구에 의하면 조직에서 제공하는 경력기회와 개인이 추구하는 경력욕구가 적합하게 대응될 때 보다 높은 직무만족과 경력만족이 보일 것이며 이직도 낮을 것이라 하였으며[114] Noe, Noe & Bachhuber(1990)의 연구에서는 개인의 경력계획과 조직의 경력계획이 일치할수록 사람들은 조직에서 자신의 앞날에 대한 예측을 높이려고 하는 피드백을 추구하고 경력목표를 보다 정교하게 하려고 한다고 했다.[115]

② 경력만족

Gattiker & Larwood(1988)에 의하면 경력만족은 개인이 자신의 경력 또는 직무역할에 대한 전반적인 감정적 방향설정을 말하는 것으로서 직무만족의 한 측면으로 간주된다고 하였다.[116] Hall(1971)은 개인의 가치가 경력에 적응되는 정도를 경

Resource Development Quarterly, 7, pp.253-270

113) White, B.(1995), "The Career Development of Successful Women", Women in management Review, 10, pp.4-15

114) Ginzberg, M. J. & Baroudi, J. J.(1988), "Mis Career: A Theoretical Perspective", Communications of the ACM, Vol 31, No.5, pp.586-594

115) Noe, R. A., Noe, A. W. & Bachhuber, J. A.(1990), "An Investigation of the Correlates of Career Motivation", Journal of Vocational Behavior, 37, pp.340-356

116) Gattiker, U. E. & Larwood, L.(1990), "Predictors for Career Achievement in the Corporate Hierarchy", Human Relations, 48, pp.703-726

력만족이라 하였으며 Greenhaus, Parasuraman, Wormley (1990)는 경력만족을 자신의 경력에 대한 심리적 동일시로 정의117)한 바 있다. 결론적으로 경력만족은 직업생활에서의 다른 사람들 또는 조직이 기대하는 경력역할과 개인의 지식과 능력을 몰입한 결과에서 오는 개인의 가치에 대한 만족으로 조직에서 자신의 직종에서의 지식 및 보유한 능력에 대한 만족이며 삶의 연속체에서는 자신의 지식과 능력에 대한 만족이라 할 수 있다. 그리고 직무만족과의 차이는 직무만족이 개인의 직무자체나 직무경험 및 소속된 직장생활을 평가하여 형성하는 태도라고 한다면 경력만족은 개인의 삶에서 선택하고 결정한 경력 또는 가질 수 있는 경력기회나 발전 가능성 및 이러한 경력 생활을 뒷받침하는 자신의 지식과 능력에 대한 태도인 것이다.

이렇듯 자신의 경력에 대해 만족한다는 것은 개인 자신이 유능하며 경력역할에서 성공적이었다고 지각하는 정도이므로 경력만족이 높을수록 자신의 전문직업에 대해 더욱 몰입할 것으로 볼 수 있다.

Aryee & Tan(1992)은 London(1983)과 London & Mone (1987)의 이론에 기초하여 경력몰입에 관한 모형을 검증한 결과 경력만족이 경력몰입에 직접적인 영향을 미친다고 하였으며 Aryee, Chay & Chew(1994)의 연구에서도 경력만족은 경력몰입을 설명하는데 유의미하게 관련이 있다고 하였다.

---

117) Greenhaus, J. H., Parasuraman, S. & Wormley, E. M.(1990), "Effects of Race on Organizational Experience, Job Performance Evaluation and Career Outcomes", <u>Academy of management Journal</u>, 33, pp.478-493

③ 현 직무의 기대된 효용성

경력을 일련의 관련된 작업관련 사건 또는 직무로 보는
견해를 따를 때 사람의 작업생활에서 개인이 수행하는 직무
들은 자신의 경력목표 달성에 도움이 되어야 한다. Mobley,
Griffeth, Hand & Meglino(1979)은 사람은 자신의 현재 직
무에 대해 불만족을 하더라도 현재 직무가 가치 있는 경력결
과 달성을 촉진시킬 수 있다면 여전히 현재의 직무에 이끌릴
수 있다고 주장118)하였다. 간호사를 대상으로 한 Bedeian &
Kemery, Pizzolatto(1991)의 연구에서는 현재 직무의 기대된
효용성과 전문직업몰입 간에 긍정적인 상관관계가 있다고
하였으며119) 전문직 종사원을 대상으로 한 이기은(2000), 이
기은·박경규(2002)의 연구에서도 현재의 직무를 성공적으
로 수행했을 때 직무를 통해 가치 있는 결과를 얻을 수 있
다고 지각할수록 경력몰입에 긍정적인 영향을 미친다고 하
였으며 Aryee, Chay & Chew(1994)의 연구에서도 현 직무
의 기대된 효용성과 경력만족은 경력몰입과 긍정적인 관련
성이 있는 것으로 나타났다.

---

118) Mobley, W. H., Griffeth, R. W., Hand, H. H. & Meglino,
B. M.(1979), "Review and Conceptual Analysis of the
Employee Turnover Process", Psychological Bulletin, 86,
pp.493-522

119) Bedeian, A. G., Kemery, E. R. & Pizzolatto, A. B.(1991),
"Career Commitment and Expected Utility of Present Job
as Predictors of Turnover Intentions and Turnover
Behavior", Journal of Vocational Behavior, 39, pp.331-343

④ 성장기회

기업들은 전문가의 진부화를 피하기 위해 전문적인 기술의 유지와 성장을 위한 기회를 제공하는 것을 일상적으로 고려해야 한다.[120] 예를 들어 시설과 서비스의 질(공간, 프라이버시, 장비)은 숙련된 전문가에게 매우 중요한 것으로 알려져 왔다. McCarrey & Edwards(1973)는 정부의 과학자를 대상으로 한 연구에서 촉진적인 지원서비스와 개인적 및 전문적인 자기개발의 기회 등을 제공할 수 있는 조직의 능력이 전문가들에게 중요하다고 하였으며[121] Miller(1967)는 엔지니어의 경우 휴가에 대한 허가가 기술 및 전문지식의 강화를 허용하고 격려하는데 성공적으로 사용되어 왔으며 심지어 미국 정부의 기술 관료의 경우에도 개인적 및 전문적인 자아개발을 위한 기회가 중요한 인센티브로 작용할 수 있는 것으로 언급하고 있다.[122] 또한 Hall(1971)은 사람들이 자신을 유능하며 자신의 경력역할에서 성공적이라고 지각할수록 자신의

---

120) Von Gilnow, M. A.(1983), "Incentives for Controlling the Performance of High Technology and Professional Employees", <u>IEEE Transactions on Systems, Man and Cybernetics</u>, 13, pp.70-74

121) McCarrey, M. & Edwards, S.(1973), "Organizational Climate Conditions for Effective Research Scientist Role Performance", <u>Organizational Behavior and Human Performance</u>, 9, pp.439-459

122) Miller, G. A.(1967), "Professionals in Bureaucracy: Alienation among Industrial and Engineers", <u>American Sociological Review</u>, 32, pp.755-768

경력역할에 몰입하게 될 것이라고 주장하였으며 이는 Aryee & Tan(1992)의 연구에서도 지지되었으며 전문직 종사원을 대상으로 한 이기은(2000), 이기은·박경규(2002)의 연구에서도 전문가가 자신의 기술과 지식이 진부화 되는 것을 피하고 성장할 수 있는 기회가 많다고 지각할수록 높은 경력몰입의 수준을 보인다고 하였다.

2) 경력몰입의 결과변수

경력몰입의 결과변수에 대한 기존 연구는 수적인 면에서 조직몰입에 비해 다소 미흡할 뿐만 아니라 내용면에서도 제한적으로 이루어져 왔으며 직무성과(Darden, Hampton & Howell, 1989)와 행동에 영향을 미치는 경력변경의도와 이직의도(Blau, 1985,1988,1989; Aryee & Tan, 1992; Carson & Bedeian, 1994; Morrow, 1983; 이기은, 2000; 최윤아, 2000; 고현철, 2004) 두 가지 측면으로 나누어 연구가 이루어져 왔다.

본 연구에서는 경력몰입의 결과변수로 선행연구에서 자주 사용되고 경력몰입과 상관관계가 높으며 유의적 관계가 없는 변수를 제외한 직무성과, 경력변경의도, 이직의도를 가지고 분석하고자 하며 다음 <표 2-8>은 경력몰입의 결과변수로 사용된 변수와 연구자를 정리한 것이다.

<표 2-8> 경력몰입의 결과변수

	직무성과	경력변경의도	이직의도	직무만족	기술개발노력	작업의질	이직	심리적소유의식
Berger & Grimes(1973)[123]	○							
Tuma & Grimes(1981)[124]	○							
Cornwall & Grimes(1987)	○							
Blau(1985)		○	○*					
Blau(1988)		○	○					
Blau(1989)		○	○				○	
Darden et al. (1989)	○		○					
McGinnis & Morrow(1990)			○					
Aryee & Tan (1992)		○	○		○	○*		
Aryee et al.(1994)		○			○			
Carson & Bedeian(1994)		○	○					
Somers & Birnbaum(1998)	○							
이기은(2000)		○	○	○				
이성만(2000)	○		○					
최윤아(2002)		○		○				
고현철(2004)		○						○

* 유의적 관계가 없음.

---

123) Berger, P. K. & Grimes, A. J.(1973), "Cosmopolitan-Local: A Factor Analysis of the Construct", <u>Administrative Science Quarterly</u>, 18, pp.223-235

124) Tuma, N. B. & Grimes, A. J.(1981), "A Comparison of Model of Role Orientations of Professionals on a Research-Oriented University", <u>Administrative Science</u>

(1) 직무성과

직무성과란 자신이 맡은 직무를 어떻게, 얼마나 성공적으로 수행하느냐 하는 것이다. 즉 직무성과란 실무자들이 조직의 목표나 과업을 달성하기 위하여 보여준 노력의 결과를 말한다. 이것은 조직의 역할수행에 있어서 실무자의 행동을 나타내는 역동적이고 다면적인 개념이라고 할 수 있다.[125] 다음 <표 2-9>는 직무성과의 측정기준을 정리한 것이다.

<표 2-9> 직무성과의 측정기준

연구자	직무성과의 측정기준
MaComick & Ilgen(1980)	생산성, 과실발생률, 정확도
Holley et al.(1976)	의존성, 작업의 질, 커뮤니케이션, 호의적인 직무태도, 작업의 정확도, 공중관계, 대인관계, 학습의욕, 작업시간
Slocum(1971)	기술의 지식, 기능적 지식, 욕구행동과 공격성, 신뢰성, 협력, 조직력

출처: 이종근(2002), "골프지도자의 직업몰입 결정요인과 결과요인에 관한 연구", 단국대학교, 박사학위논문, pp.30-32의 내용을 정리함.

Quarterly, 26, pp.187-206

125) Millar, K. I.(1988), The Development and Field test of Behaviorally Anchored Rating Scales for Evaluating of Professional Social Workers, The University of Texas at Arlington

경력몰입과 직무성과와의 관련성에 대해 살펴보면 상반되는 주장이 있는데 먼저 Kaldenberg, Becker & Zvonkovi(1995)는 경력몰입은 조직몰입과 마찬가지로 작업결과와 관련되기 쉽다고 주장하고 높은 전문직업몰입수준을 가진 전문가들은 낮은 몰입수준을 지닌 작업자들보다 전문적인 작업을 수행하는데 보다 많은 시간을 소비하고 생산적일 것이라고 기대할 수 있다고 하였다. 실제적으로 전문지업몰입은 출판물의 수, 발표논문의 수, 학회에서 맡고 있는 보직의 수, 기술개발노력과 긍정적인 관련이 있는 것으로 밝혀졌다.[126][127] 이와 상반된 주장으로는 경력몰입과 직무성과는 서로 연결하기 어려운 것으로 보는 측면으로 이는 경력몰입은 개인의 장기적인 미래에 대한 지향성을 반영하기 때문에 다른 몰입들 즉 직무몰입, 조직몰입, 노조몰입 등처럼 현재의 작업성과와 직접적으로 연결시키기가 어려운 측면이 있다는 주장[128]이다. 하지만 많은 연구들에서 경력몰입과 직무성과와는 관련성이 있다고 보았으며 아래와 같은 연구들이 이를 뒷받침하고 있다.

Darden, Hampton & Howell(1989)은 백화점판매원을 대상으로 경력몰입과 조직몰입에 대한 동일한 선행요인과 결과변

---

126) Berger, P. K. & Grimes, A. J(1973)., "Cosmopolitan-Locals: A Factor Analysis of the Construct", Administrative Science Quarterly, 18, pp.223-235

127) Tuma, N. B. & Grimes, A. J.(1981), "A Comparison of Model of Role Orientations of Professionals in a Research- Oriented University", Administrative Science Quarterly, 26, pp.187-206

128) 고종옥(1999), 현대조직론, 한올출판사

78

수를 이용한 모델에서 경력몰입의 결과변수로서 직무성과와 직무만족을 제시하였으며 그 결과 경력몰입은 직무성과와 직무만족에 긍정적인 영향을 미치는 것으로 조사되었다.[129]

Baugh & Roberts(1994)는 전문직업몰입과 조직몰입 간의 관계가 갈등적이기보다는 보완적일 수 있음을 제시하고 2가지 몰입에 따른 성과와 태도에 대해 엔지니어를 대상으로 분석하였다. 분석결과 직무성과가 가장 높은 경우에는 조직몰입과 전문직업몰입 모두가 높은 경우였으며 가장 낮은 직무성과는 조직몰입은 낮고 전문직업몰입은 높은 경우에 나타났으며 또한 이런 경우에는 직무문제에 대한 어려움이 가장 높은 것으로 나타났다.[130]

Somers & Birnbaum(1998)은 작업과 관련된 몰입들, 즉 조직몰입, 직무몰입, 경력몰입 등과 직무성과와의 관계를 병원종사원을 대상으로 연구한 결과 직무몰입은 작업의 내재적인 보상요소들과 관련된 성과와 관련되었으나 경력몰입은 전체적인 직무성과와 관련이 있는 것으로 밝혀졌다.[131]

---

129) Darden, W. R., Hampton, R. & Howell, R. D.(1989), "Career versus Organizational Commitment: Antecedents and Consequences of Retail Salespeoples' Commitment", Journal of Retailing, 65, pp.80-106

130) Baugh, S. G. & Roberts, R. M.(1994), "Professional and Organizational Commitment among Engineers: Conflicting or Complementing?", IEEE Transactions on Engineering Management, 41, pp.108-114

131) Somers, M. J. & Birnbaum, D.(1998), "Work-Related Commitment and Job Performance: It's also the Nature of the Performance that Counts", Journal of Organi-

하지만 호텔종사원의 직무성과는 제조업의 종사원이나 판매원의 경우와 달리 하나의 지표로서 측정하기는 어렵다.[132] 일부의 연구(김영진, 2000[133]; 이방식·구정대, 2004)에서는 종사원 자신이 평가하고 있는 외적 직무성과인 서비스 질을 통해 직무성과를 측정하였으나 이는 종사원이 직접 서비스의 질을 평가하면 종사원 자신의 주관적인 의사를 반영할 수 있기 때문에 객관적인 결과를 얻을 수 없다. 띠리시 본 연구에서는 직무성과를 측정하는데 있어 서비스제공 시 종사원의 태도와 행동이라 할 수 있는 고객지향성 측정을 통해 직무성과를 측정하고자 한다.

(2) 경력변경의도

경력몰입의 결과변수로 경력변경의도와 이직의도에 대한 연구가 많이 이루어져 왔다. 특히 이직의도는 종사원의 이직과 관련하여 오랫동안 많은 관심을 가졌으나 경력변경의도는 주로 경력몰입과 관련하여 최근에 연구가 이루어지고 있다.

경력변경의도는 현재 자신의 직무를 수행하고 있는 경력 분야를 떠나서 다른 경력 분야의 직무를 적극적으로 찾고자 하는 의도를 말하며[134] 이직의도는 종사원이 조직의 구

---

zational Behavior, 19, pp.621-634

132) 김일채(1998), "호텔종사원의 직무성과가 이직의도에 미치는 영향", 관광학연구, 제21권 제2호, p.151

133) 김영진(2000), "관광호텔 지배인의 리더십유형이 자긍심과 직무성과에 미치는 영향에 관한 연구", 조선대학교 박사학위논문

성원이기를 포기하고 현 직장을 떠나려고 의도하는 정도라고 한다.[135]

Morrow(1983)와 Wiener & Vardi(1980)에 의하면 경력몰입은 개인의 경력 분야에 관한 태도를 묻는 것이기에 이직의도보다는 경력변경의도와 강하게 관련이 있다고 하였다.[136] 이와 관련하여 Wiener & Vardi(1980)는 작업환경에서 개인들은 작업의 여러 측면(예를 들어 조직, 직무 또는 과업, 개인의 경력)들에 대해 다양한 정도의 몰입을 동시에 경험하기 때문에 작업결과는 하나의 또는 개별적인 몰입에 의한 것이기보다는 그러한 모든 유형의 몰입들의 함수로 이해될 수 있다고 주장하였다. 이들은 직업몰입의 다양한 대상들이 별개의 태도를 보여주기 때문에 행동적인 결과에 미치는 다양한 효과가 기대될 수 있다고 하였다. 즉 조직몰입의 대상이 고용하는 조직이라고 한다면 조직몰입에 의해 가장 영향 받기 쉬운 행동은 조직지향적인 행동이 될 것이며 이와 마찬가지로 직종몰입에 의해 가장 영향 받기 쉬운 것은 직종 또는 경력지향적인 행동일 것이라고 주장하였다.[137]

---

134) Bedeian, A. G.(1991), op cit

135) Iverson R. D.(1992), "Employee Intent to Stay: An Empirical Test of a Revision of the Price and Mueller del", Unpublished Doctoral Dissertation, University of Iowa

136) Morrow, P. C.(1982), "Concept Redundancy in Organizational Research: The Case of Work Commitment", Academy of Management Review, 8, pp.486-500

137) Cohen, A.(1993), "Work Commitment in Relation to Withdrawal Intentions and Union Effectiveness", Journal of Business Research, 26, pp.75-90

Blau(1985, 1988, 1989), Carson & Bedeian(1994), Lu et al.(2002)[138]는 조직몰입은 이직의도와 경력몰입은 경력변경의도와 관련성이 있는 것으로 연구되었는데 구체적으로 살펴보면 다음과 같다.

먼저 Blau(1985)는 대규모 병원에 종사하는 간호사를 대상으로 경력몰입과 조직몰입이 경력변경의도, 이직의도와의 관계를 살펴본 결과 경력변경의도는 경력몰입과는 유의적으로 관련이 있었으나 조직몰입과는 유의적인 관계를 보이지 않았으며 이직의도는 경력몰입과는 관련이 없었고 조직몰입과는 유의적인 관계를 가지고 있는 것으로 조사되었다. 또한 1988년 보험회사 종사원을 대상으로 한 연구에서는 경력몰입과 이직의도 간의 관계는 조직몰입과 이직의도 간의 관계보다 약하였으며 경력몰입은 이직의도보다는 경력변경의도와 강한 관계를 보이는 것으로 나타났으며 1989년 은행출납원을 대상으로 한 연구에서는 경력몰입과 이직의도 간의 상관관계는 직무몰입-이직의도와 조직몰입-이직의도의 상관관계보다 낮았다.

반면에 경력몰입은 경력변경의도와 유의한 관련성을 보였으나 조직몰입이나 직무몰입은 경력변경의도와 유의한 관련성을 보이지 못하였다. 이와 관련해서 Carson & Bedeian(1994)은 다양한 분야에 종사하는 종사원을 대상으로 한 연구에서도 경력변경의도는 조직몰입보다는 경력몰입과 관련

---

138) Lu, K. Y., Lin, P. L., Wu, C. M., Hsieh, Y. L. & Chang, Y. Y.(2002), "The Relationships Among Turnover Intentions, Professional Commitment, and Job Satisfactions of Hospital Nurses", Journal of Professional Nursing, Vol 18(4), pp.214-219

성이 높은 것으로 나타났으며 이직의도는 경력몰입보다는 조직몰입과 관련성이 높은 것으로 나타났다.

더불어 Aryee & Tan(1992)의 경력몰입에 관한 연구모형에서 경력몰입의 결과변수로 이직의도, 경력변경의도, 작업의 질, 기술개발노력을 선정하여 분석한 결과 기술개발노력에는 긍정적인 영향을 미쳤으나 경력변경의도와 이직의도에는 부정적인 영향을 미쳤고 작업의 질에는 유의한 영향을 미치지 않는 것으로 나타났다. 또한 보험대리인을 대상으로 한 Morrow, Power & Lqbal(1993)의 연구에서 전문직업몰입이 높은 보험대리인들은 낮은 사람들보다 보험직종에 남아 있을 가능성이 크게 나타났으며 작업과 보상에 대해 보다 만족하는 것으로 나타났다.

Aryee, Chay & Chew(1994)의 연구에서도 경력몰입과 경력변경의도와는 부(−)의 상관관계가 있다고 하였다.

(3) 이직의도

일반적으로 종사원의 이직은 이직의도를 대용변수로 사용한다. 이직에 관한 많은 실증연구에서 이직의도가 이직의 가장 중요한 선행요인이라는 주장을 지지하고 있고 이직의도는 이직의 대용변수로 사용되고 있다.[139] 실질적으로 이직자체를 종속변수로 사용할 경우 자발적 이직의 유형에

---

139) Bluedorn A. C.(1983), "The Theories of Turnover: Causes, Effects, an Meaning", Research in the Sociology of Organization, Vol 1, pp.75-128

혼재되어 있을 수 있는 비자발적 이직을 완벽하게 분류해 내지 못하지만 이직의도는 이러한 문제점을 줄일 수 있다는 지적 때문이다.[140] 따라서 이직의도는 조직구성원이 자신이 소속된 부서에서 직무를 계속 수행하면 개인의 목표 달성에 이르기 어렵다고 지각하여 직무를 이탈하려는 심리적 상태로 정의할 수 있다.

선행연구를 살펴보면 일반적으로 이직의도는 조직몰입과 관련된 변수로 이용되고 있다. 하지만 Aryee & Tan(1992)의 연구에서 경력몰입과 이직의도 간에는 유의한 관계가 있는 것으로 조사되었으며 Kondratuk et al.(2004)도 몰입의 유형에 따라 이직의도가 다르게 나타난다[141]고 하였다. 또한 이기은(2000)의 연구에서도 이직의도와 경력몰입의 관계는 통계적으로 유의하다고 하였다.

제3절 고용형태

본 연구에서는 본 연구의 목적에 부합하기 위해 최근 연구가 활발히 이루어지고 있는 고용형태를 조절변수로 사용

---

140) Price J. L.(1977), The Study of Turnover, Iowa State University Press

141) Kondratuk, T. B., Hausdorf, P. A., Korabik, K. & Rosin, H. M.(2004), "Linking Career Mobility with Corporate Loyalty: How does Job Change Relate to Organizational Commitment?", Journal of Vocational Behavior, 65, pp.332-349

하여 경력몰입에 영향을 미치는 선행변수가 경력몰입에 어떠한 조절효과를 보이지는 알아보자 한다.

1. 고용형태

최근 국내외 호텔들은 급변하는 환경변화에 신속하게 대응하기 위하여 인력운영의 유연화를 추구하고 있다. 인력의 유연성을 높이는 방편으로 점차 많이 이용하는 수단이 비정규직 고용이다.

비정규직이란 상시고용을 전제로 계약기간의 정함이 없는 정규직 인력에 대한 개념으로 이러한 계약형태와 구분되는 근로계약을 맺는 다양한 인력들을 지칭한다. 비정규직 근로자는 정규직과 비교해서 임금, 복리후생, 계약기간, 근로시간 등 모든 처우에 있어 비용이 절약되고 고용과 해고가 자유롭기 때문에 인력의 적기공급이 가능할 뿐만 아니라 인건비 절감과 노사분규의 예방 등 기업에게 여러 가지 이점을 제공해 준다.142) 이와 반대로 비정규직 근로자의 경우 이들이 업무를 처리하고 고객에게 서비스를 제공하는데 있어서 숙련도나 소속감의 저하로 고객의 불만이 오히려 축적될 수 있다는 점이다. 이에 가중되어 비정규직은 정규직에 비하여 높은 이직률을 보이고 있는데 이는 새로운 사

---

142) 박봉규(2000), "IMF 체제하의 비정규직 호텔종사원의 직무태도와 자발적 행동 간의 관계에 관한 탐색적 연구", 관광·레저연구, 제12권 제1호, pp.47-48

원의 채용 및 훈련에 지속적으로 들어가는 직접비용이나 기회비용을 인식한다면 오히려 비용절감 의도의 반대효과가 있다는 지적도 있다.[143]

우리나라의 경우 과거 일부 기업 및 공사현장 같은 곳에서 단순노무형태의 보조적인 업무에 주로 도입되던 비정규직이 최근 많은 직장으로 확산되어가고 있다. 특히 호텔 및 보험업 등 서비스산업에 있어서 비정규지 고용이 빠른 속도로 확산되고 있다. 실제적으로 <표 2-10>에서처럼 2003년 12월 기준으로 살펴보면 정규직과 비정규직(용역제외)의 비율 78.3 : 21.7로 나타났으며 용역을 비정규직에 포함시킨 장민기(2001)[144]의 연구에서는 정규직과 비정규직(용역포함)이 62 : 38로 보고 되었다.

이지우·김종우(2002)[145], Still(1983)은 직무특성과 조직몰입 사이의 관계가 고용형태에 따라 다르다고 하였다. 이는 Ganno(1975)의 지적처럼 비정규직의 과업이 아무리 훌륭하여도 과업특성은 그들의 행동에 영향을 크게 주지 못한다는[146] 근로조건과 직무가 차지하는 중요성에서의 정규직과 비정규직 간 차이에 의해 설명될 수 있으며 이는 현재 맡고 있는 일이 자신의 주된 역할이 아닌 경우에는 직

---

143) 현대화재해상노보(1994), 6월호, p.1

144) 장민기(2001), 호텔업종 임금결정 실태와 발전방향, <u>호텔업종 노사관계토론회</u>, p.9

145) 이지우·김종우(2002), "고용형태에 따른 직무특성과 조직몰입의 관계", <u>인사·조직연구</u>, 제10권 제1호, pp.1-26

146) 장은미(1995), "정규직과 임시직의 조직몰입에 관한 연구", <u>한국인사·조직학회 1995년 춘계학술연구발표회</u>, pp.38-55

무의 내용이 조직몰입에 영향을 주지 못한다는 것을 보여주는 것이다.

경력몰입과 관련해서 기존의 경력관련 연구들은 대부분 정규직을 대상으로 하여 연구가 이루어졌으며 비정규직을 대상으로는 이루어지지 않았다. 이는 비정규직을 보는 사회적 시각이 주로 고용비용절감과 노동유연성 확보라는 차원에서 고용되어 기업의 비핵심 업무 분야에 국한된 주변적인 일만을 수행하는 것으로 인식되었기 때문에 경력이나 경력개발에 관한 연구는 간과되어 왔다고 볼 수 있다.[147] 또한 경력과 관련된 주요 논쟁 중의 하나는 경력몰입 개념의 일반화에 관한 것이다. 즉 경력몰입은 직업의 전문성 수준에 관계없이 어떤 직업에서도 존재할 수 있는 것인가, 아니면 최소한의 전문적 특성이 있어야만 경력몰입이 존재하며 그 이하 수준에서는 명확하게 개념화될 수 없는 것인가 하는 문제이다. Form(1968)은 정부관료, 대기업관리자, 숙련노동자, 기능공 등에서도 경력이 존재한다고 설명하였으며 임범식·탁진국(2002)도 정규직, 비정규직에 따라 경력이 존재하며 경력몰입에 미치는 차이가 있다고 하였다.

---

147) 임범식·탁진국(2002), "경력몰입의 선행변인", 한국심리학회지, 제15권 제2호, p.67

<표 2-10> 서울지역 특1·2급 호텔 고용 현황

호텔	2003년 12월 31일 기준(서울시)						
	정규직		비정규직		합 계		총 계
	Front of the House	Back of the House	Front of the House	Back of the House	정규직	비정규직	
특1급 호텔							
A	242	273	42	43	515	85	600
B	112	139	2	36	251	38	289
C	340	386	3	5	726	8	734
D	394	489	39	68	883	107	990
E	370	448	48	123	818	171	989
F	142	198	131	309	340	440	780
G	289	604	13	7	893	20	913
H	368	90	0	0	458	0	458
I	429	380	83	22	809	105	914
J	216	322	89	99	533	223	761
K	290	328	59	34	618	93	711
L	152	64	6	13	404	19	404
M	383	599	108	103	982	211	1193
N	247	329	28	68	576	96	672
O	175	175	0	0	350	0	350
합계	3,727	4,320	623	862	8,230	1,520	9,736
비율					82.4	17.6	100
특2급 호텔							
A	72	93	81	49	165	130	295
B	89	181	57	81	270	138	408
C	138	164	7	7	302	14	316
D	81	178	0	0	259	0	259
E	110	229	1	7	339	8	347
합계	299	438	145	137	819.4	299.6	1,119
비율					78.3	21.7	100

* 용역은 제외시킴 자료: 관광호텔협회(2003. 12)

제3장 연구 설계

제1절 연구모형 및 가설의 설정

1. 연구모형의 설계

본 연구에서는 앞장에서 논의된 선행연구를 바탕으로 경력몰입의 선행변수와 결과변수를 다음과 같이 도출하였다.

경력몰입의 선행변수로는 개인특성(성장욕구, 통제의 위치, 자아존중감), 직무특성(개인-직무의 적합도, 직무도전성, 직무자율성), 역할특성(역할갈등, 역할모호성), 사회적 지원(상사의 지원, 동료의 지원, 조직의 지원), 경력특성(경력계획, 경력만족, 현 직무의 기대된 효율성, 성장기회)으로 변수를 도출하였으며 경력몰입의 결과변수로는 직무성과, 경력변경의도, 이직의도로 변수를 도출하였다. 그리고 조절변수로 고용형태(정규직, 비정규직)를 선정하였다.

경력몰입에 영향을 주는 선행변수와 결과변수를 바탕으로 다음과 같은 연구목적을 달성하기 위하여 <그림 3-1>과 같은 연구모형을 만들었다. 첫째, 경력몰입의 선행변수와 결과변수가 경력몰입에 미치는 영향을 분석하고자 하며 둘째, 경력몰입의 선행변수와 결과변수에 있어 경력몰입의 매개역할을 하는지 살펴보고 셋째, 호텔기업의 특수성을 바탕으로 조절변수를 투입하여 경력몰입의 선행변수에 어떤 조절효과를 미치는지를 분석하고자 한다.

<그림 3-1> 연구모형

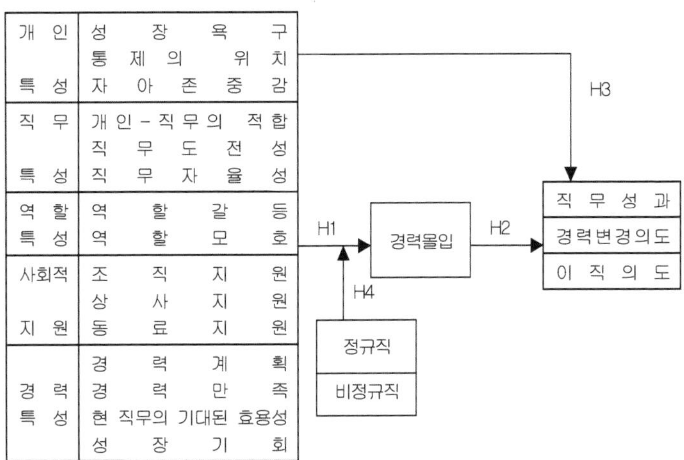

2. 가설의 설정

1) 개인·직무·역할·사회적 지원·경력특성과 경력몰입의 관계에 관한 가설

많은 선행연구에서 경력몰입에 영향을 미치는 선행변수는 크게 개인특성, 직무특성, 역할특성, 사회적 지원, 경력특성이 있으며 이 선행변수들에 의해 경력몰입이 영향을 받

는다고 한다. 따라서 본 연구에서는 다음과 같은 가설을 설
정해 연구를 수행하고자 한다.

　가설 1. 개인·직무·역할·사회적 지원·경력특성은 경
　　　　　력몰입에 영향을 미칠 것이다.

　개인특성을 본 연구에서는 성장욕구, 통제의 위치, 자아존
중감으로 나누고 이들이 경력몰입에 미치는 영향을 분석하
고자 한다.

　성장욕구는 한 개인이 조직에서 성장·발전하고 싶은 욕
구와 관련되는 개인적 특성으로 자존욕구와 자아실현욕구
에 대한 열망을 말한다. 성장욕구는 개인적인 성장과 발전,
조직에서의 다른 사람보다 빠른 승진, 도전적이고 가치 있
는 직무를 통한 성취감 등을 경험하고자 하는 개인적인 특
성으로 야망이나 승진욕구와도 유사한 개념으로 인식되고
있다. 이러한 성장욕구는 자신의 경력 분야에 있어서 경력
개발과 타인으로부터의 인정에 대한 관심, 자신의 능력과
기량을 발휘하고자 하는 욕구 등으로 나타난다.148) Blau
(1985)의 간호사를 대상으로 한 연구에 의하면 성장욕구 강
도는 경력몰입과 정적인 관계를 가지는 것으로 나타났으며
특히 전문가로서 성장욕구가 강한 사람은 자신에게 주어지
는 성장기회에 대해서 더욱 적극적으로 반응하며 직무가
주는 도전감이 증가할수록 내적동기가 커지고 자신의 성취
욕구와 자아실현 욕구를 만족시키기 위해서 어려운 과업을

---

148) Steers, et al(1996). op ct.

선호하고 좋은 결과를 내기 위해서 노력을 기울이며 자신의 기량과 전문성을 활용할 수 있는 기회를 탐색한다. 이는 성장욕구가 높은 사람이 경력몰입도 높다는 것을 유추해 볼 수 있다.

통제의 위치는 자신이 자신의 생활상의 사건에 영향을 미칠 수 있는가 하는 자신의 능력에 대한 평가라고 정의할 수 있다. 많은 선행연구에서 통제의 위치가 내적일 때 경력몰입이 높게 나타나고 있다. 관리자와 전문가를 대상으로 한 Colarelli & Bishop(1990)의 연구에 따르면 두 집단 모두에 있어 통제의 위치가 내적일 때 경력몰입이 높게 나타났으며 다양한 직종에 근무하는 종사원을 대상으로 한 Irving, Coleman & Cooper(1997)의 연구에서도 통제의 위치가 내적일 때 경력몰입이 높게 나타났으며 간호사를 대상으로 한 Blau(1985)의 연구에서도 통제의 위치가 내적일 때 경력몰입이 높게 나타났다. 이는 통제의 위치가 내적인 사람이 경력몰입도 높다는 것을 유추해 볼 수 있다.

자아존중감은 자신을 유능하고 중요하다고 여기는 정도로서 정의할 수 있다. 많은 선행연구에서 자아존중감이 높은 사람들이 경력몰입이 더 높게 나타난다고 하였다. 기술인력을 대상으로 한 Carson, Lanford & Roe(1997)의 연구에서는 자아존중감이 높은 사람이 낮은 사람들보다 높은 경력몰입수준을 보인다고 하였으며 Cherniss(1991), Gould(1979)의 연구에서도 자아존중감이 개인의 경력몰입에 영향을 미친다고 하였다. 이는 자아존중감이 높은 사람이 경력몰입도 높다는 것을 유추해 볼 수 있다.

이상의 연구들을 정리해 보면 개인특성측면에서 성장욕구가 높고 통제의 위치가 내적이며 자아존중감이 높은 사람일수록 경력몰입이 높을 것이라고 유추해 볼 수 있으며 이러한 선행연구를 바탕으로 다음과 같은 가설을 도출해 볼 수 있다.

가설 1-1. 개인특성은 경력몰입에 영향을 미칠 것이다.

가설 1-1-1. 성장욕구가 높을수록 경력몰입은 높게 나타날 것이다.
가설 1-1-2. 통제의 위치가 내적일수록 경력몰입은 높게 나타날 것이다.
가설 1-1-3. 자아존중감이 높을수록 경력몰입은 높게 나타날 것이다.

직무특성을 본 연구에서는 개인-직무의 적합도, 직무의 도전성, 직무의 자율성으로 나누고 이들이 경력몰입에 미치는 영향을 분석하고자 한다.

개인-직무의 적합도는 개인의 능력과 직무 요건 간의 조화 또는 개인의 필요 또는 욕구와 직무가 제공하는 내·외적 보상 간의 조화로 정의될 수 있다. 많은 선행연구에서 개인-직무 적합도가 높을수록 경력몰입이 높게 나타난다고 하였다. Miller(1986)에 의하면 전문가들은 자신의 전문 분야가 담당업무와 일치하기를 기대하므로 전문 분야와 담당업무의 일치도가 전문직업몰입에 영향을 미친다고 하였으며 연구개발 종사자를 대상으로 한 장재윤(1996)의 연구에서는 연구소에서 담당하고 있는 과업이 개인의 전공 분야 또는 경험과 부합되는 정도가 높을수록 경력몰입이 높아진다고 하였으며 전문직 종사자를 대상으로 한 이기은(2000), 이기은·박경규(2002)의 연구에서도 자신들의 전공 분야 또는 관심 분야와 담당하는 업무 간의 일치도가 높을수록 경력몰입이 증가한다고 하였다. 이는 개인-직무의 적합도가 높을수록 경력몰입이 높아진다는 것을 유추해 볼 수 있다.

직무도전성은 직무가 반복적이거나 일상적이지 않으며 자신의 능력을 개발하기 위해 새롭게 노력을 들여야 하는 정도로 정의할 수 있다. 많은 선행연구에서 직무도전성이 높을수록 경력몰입이 높게 나타나고 있다. 이는 전문직 종사자들은 보다 복잡한 과업을 수행하는데 자신의 경험과 전문지식을 이용할 수 있도록 훈련을 받았기에 도전적이지 못한 과제는 흥미를 유발시키지 못하며 도전적인 과제를 성공적으로 수행했을 때 보다 큰 성취감을 얻을 수 있으며 자신의 능력을 발휘할 수 있기 때문이다. 교사와 간호사를 대상으로 한 Aryee & Tan(1992)와 전문직 종사자를 대상으로 한 이기은(2000), 이기은·박경규(2002)의 연구에서도 직무도전성이 높을수록 경력몰입이 높게 나타난다고 하였다. 이는 직무만족도가 높을수록 경력몰입이 높아진다는 것을 유추해 볼 수 있다.

직무자율성은 작업수행방법, 일정계획수립, 작업기준 등을 결정하는데 개인에게 주어진 재량권의 정도로 정의할 수 있다. 많은 선행연구에서 직무자율성이 높을수록 경력몰입이 높게 나타나고 있다. 보험대리인을 대상으로 한 McElroy, Morrow, Power & Iqbal(1993)의 연구에서는 전문직업몰입이 높은 사람이 낮은 사람들보다 자신들의 직무에 대해 호의적으로 지각한다고 하였다. 이는 직무자율성이 높을수록 경력몰입이 높아진다고 볼 수 있다. 하지만 이기은(2000), 이기은·박경규(2002)의 연구에서는 직무자율성과 경력몰입은 유의한 관계가 없다고 하였다. 이는 연구직의 경우 대체로 개인이 독자적으로 수행하기보다는 팀으로서 과제를 수행하는 경우가 많으며 이 과제수행을 위해서는 상호의존적일 수밖에 없으며 이는 자율성의 제한으로 볼 수 있기 때문이라고 하였다. 하지만 이러한 이유에서 직무자율성이 제한받을 수 있지만 이것이 경력몰입을 저하시키는 요인으로는 여기지 않았다. 따라서 직무자율성이 높을수록 경력몰입도 높아진다는 것을 유추해 볼 수 있다.

이상의 연구들을 정리해 보면 개인－직무의 적합도가 높고 직무도전성이 높으며 직무자율성이 높은 사람일수록 경력몰입이 높을 것이라고 유추해 볼 수 있으며 이러한 선행연구를 바탕으로 다음과 같은 가설을 도출해 볼 수 있다.

가설 1-2. 직무특성은 경력몰입에 영향을 미칠 것이다.

가설 1-2-1. 개인－직무의 적합도가 높을수록 경력몰입은 높게 나타날 것이다.
가설 1-2-2. 직무도전성이 높을수록 경력몰입은 높게 나타날 것이다.
　가설 1-2-3. 직무자율성이 높을수록 경력몰입은 높게 나
　　　　　타날 것이다.

　역할특성을 본 연구에서는 역할갈등과 역할모호성으로
나누고 이들이 경력몰입에 미치는 영향을 분석하고자 한다.
　역할갈등은 두 가지 이상의 압력이나 기대가 동시에 발생하는
것으로 정의할 수 있다. 많은 선행연구에서 역할갈등이 낮을수
록 경력몰입이 높게 나타나고 있다. Darden, Hampton &
Howell(1989)은 역할갈등은 경력몰입에 간접적으로만 영향을 미
친다고 하였으며 Colarelli & Bishop(1990)은 역할갈등은 전문가
집단에는 경력몰입과 유의한 상관관계를 가졌으나 관리자의
경우에는 유의한 관계를 보이지 않는다고 하였으며 장재윤
(1996)은 역할갈등과 경력몰입은 상관관계가 있었으며 역할
갈등이 낮을수록 전문가의 조직과 경력에 대한 이중몰입이
높아진다고 하였다. 이는 역할갈등이 낮을수록 경력몰입이
높아진다는 것을 유추해 볼 수 있다.
　역할모호성은 역할수행자가 역할의 목표, 요구 및 기대를
불확실하게 지각하는 상태로 정의할 수 있다. 많은 선행연구
에서 역할모호성이 낮을수록 경력몰입이 높게 나타나고 있다.
Blau(1985)는 역할모호성이 높을수록 경력몰입이 낮아진다는
연구결과를 도출하였으며 또한 Colarelli & Bishop(1990)의
연구에서도 역할모호성은 관리자와 전문가 모두에게 유의
한 음(-)의 상관관계를 갖는 것으로 나타났다. 이는 역할
모호성이 낮을수록 경력몰입이 높아진다는 것을 유추해 볼

수 있다.

이상의 연구들을 정리해 보면 역할갈등이 낮고 역할모호
성이 낮은 사람일수록 경력몰입이 높을 것이라고 유추해
볼 수 있으며 이러한 선행연구를 바탕으로 다음과 같은 가
설을 도출해 볼 수 있다.

가설 1-3. 역할특성은 경력몰입에 영향을 미칠 것이다.

가설 1-3-1. 역할갈등이 낮을수록 경력몰입은 높게 나타
날 것이다.
가설 1-3-2. 역할모호성이 낮을수록 경력몰입은 높게 나
타날 것이다.

사회적 지원특성을 본 연구에서는 상사의 지원, 동료의
지원, 조직의 지원으로 나누고 이들이 경력몰입에 미치는
영향을 분석하고자 한다.

상사의 지원은 상사가 자신의 공로를 인정해 줄 뿐만 아
니라 자신의 경력계획을 수립하고 경력목표를 달성하도록
업무에 대해 피드백을 해주고 업무성과를 높일 수 있도록
지원해 주는 것으로 정의할 수 있다. 많은 선행연구에서 상
사의 지원에 대해 높게 지각할수록 경력몰입이 높게 나타
나고 있다. Darden, Hampton & Howell(1989)의 연구에서
상사의 리더십스타일은 경력몰입에 직간접적으로 영향을
미친다고 하였으며 Colarell & Bishop(1990)은 멘토가 경력
몰입에 정(+)의 관계를 보인다고 하였으며 Aryee, Chay &

Chew(1994)는 상사의 지원은 경력몰입과 긍정적인 관계를 가진다고 하였다. 이는 상사의 지원에 대해 높게 지각할수록 경력몰입이 높아진다는 것으로 유추해 볼 수 있다.

동료의 지원은 같은 조직 내에서 유사한 직위에 있는 동료들이 업무수행 상에 도움을 준다고 인식되는 정도로 정의할 수 있다. 많은 선행연구에서 동료의 지원에 대해 높게 지각할수록 경력몰입이 높게 나타나고 있다. Wallace(1995)는 동료의 지원을 높게 평가하는 구성원의 경력몰입이 높게 나타났으며149) 장재윤(1996)도 역시 동료와의 관계가 좋을수록 조직과 경력에 이중몰입을 한다고 하였다. 이는 동료의 지원에 대해 높게 지각할수록 경력몰입이 높아진다는 것으로 유추해 볼 수 있다.

조직의 지원은 조직구성원의 공헌을 얼마나 존중해 주고 조직이 자신에 대하여 얼마나 몰입하고 있으며 필요한 경우 도움을 줄 것으로 생각하고 있는지에 대한 지각의 정도로 정의할 수 있다. 많은 선행연구에서 조직의 지원에 대해 높게 지각할수록 경력몰입이 높게 나타나고 있다. Cherniss(1991)는 지원적인 조직분위기에서 전문직 종사원은 격려받을 수 있으며 어려운 경우에는 도움을 받을 수 있기에 경력몰입을 높일 수 있을 수 있을 것으로 주장하였으며Waterman, Waterman & Collard(1994)는 개인의 경력계획이 성공하여 경력만족과 경력몰입을 갖기 위해서는 조직지원이 필요하다고 주장하였다. 이는

---

149) Wallance, J. E.(1995), "Corporatist Control and Organizational Commitment Among Professionals: The Case of Lawyers Working in Law Firms", Social Forbes, 73, pp.811-839

조직의 지원에 대해 높게 지각할수록 경력몰입이 높아진다는 것으로 유추해 볼 수 있다.

이상의 연구들을 정리해 보면 상사, 동료, 조직의 지원에 대해 높게 지각할수록 경력몰입이 높을 것이라고 유추해 볼 수 있으며 이러한 선행연구를 바탕으로 다음과 같은 가설을 도출해 볼 수 있다.

가설 1-4. 사회적 지원은 경력몰입에 영향을 미칠 것이다.

가설 1-4-1. 조직의 지원에 대해 높게 지각할수록 경력몰입은 높게 나타날 것이다.
가설 1-4-2. 상사의 지원에 대해 높게 지각할수록 경력몰입은 높게 나타날 것이다.
가설 1-4-3. 동료의 지원에 대해 높게 지각할수록 경력몰입은 높게 나타날 것이다.

경력특성을 본 연구에서는 경력계획, 경력만족, 현 직무의 기대된 효용성, 성장기회로 나누고 이들이 경력몰입에 미치는 영향을 분석하고자 한다.

경력계획은 한 개인이 목표를 설정하고 설정된 목표를 성취하기 위해 수립하는 행동과정이나 수단으로 정의할 수 있다. 많은 선행연구에서 경력계획을 수립한 사람일수록 경력몰입이 높게 나타나고 있다. Hall(1971)은 경력계획의 과정에 대한 일반적인 모델에서 과제특성이 주어지면 목표가 생기고 이에 따라 경력몰입을 하게 되고 Gould(1979)는 이와 유사한 모델에 자기존중감을 추가하여 경력계획을 세우면 경력전략이 만들어지고 경력만족을 하게 되고 자기존중감, 경력몰입의 순환과정을 제안하였다. 또한 Ginzberg & Baroudi (1988)의 연구에 의하면 조직에서 제공하는 경력기회와 개인이 추구하는 경력욕구가 적합하게 대응될 때 보다 높은 직무만족과 경력만족이 보일 것이며 이직도 낮을 것이라 하였으며 Noe, Noe & Bachhuber(1990)의 연구에서는 개인의 경력계획과 조직의 경력계획이 일치할수록 사람들은 조직에서 자신의 앞날에 대한 예측을 높이려고 하는 피드백을 추구하고 경력목표를 보다 정교하게 하려고 한다고 했다. 이는 경력몰입을 수립한 사람일수록 경력몰입이 높아진다는 것으로 유추해 볼 수 있다.

경력만족은 자신이 지나온 경력에 대해 갖고 있는 태도로 정의할 수 있다. 많은 선행연구에서 경력만족이 높을수록 경력몰입이 높게 나타나고 있다. Aryee & Tan(1992)은 London(1983)과 London & Mone(1987)의 이론에 기초하여 경력몰입에 관한 모형을 검증한 결과 경력만족이 경력몰입에 직접적인 영향을 미친다고 하였으며 Aryee, Chay & Chew(1994)의 연구에서도 경력만족은 경력몰입을 설명하는데 유의미하게 관련이 있다고 하였다. 이는 경력만족이 높은 사람일수록 경력몰입이 높아진다는 것으로 유추해 볼 수 있다.

현 직무의 기대된 효용성은 현재 담당하고 있는 직무가 가치 있는 경력결과를 달성할 수 있을 것으로 기대하는 정도로 정의할 수 있다. 많은 선행연구에서 현 직무의 기대된 효용성이 높을수록 경력몰입이 높게 나타나고 있다. 간호사를 대상으로 한 Bedeian & Kemery, Pizzolatto(1991)의 연구에서는 현 직무의 기대된 효용성과 전문직업몰입 간에 긍정적인 상관관계가 있다고 하였으며 전문직 종사원을 대상으로 한 이기은(2000), 이기은·박경규(2002)의 연구에서도 현재의 직무를 성공적으로 수행했을 때 직무를 통해 가치 있는 결과를 얻을 수 있다고 지각할수록 경력몰입에 긍정적인 영향을 미친다고 하였으며 Aryee, Chay & Chew(1994)의 연구에서도 현 직무의 기대된 효용성과 경력만족은 경력몰입과 긍정적인 관련성이 있는 것으로 나타났다. 이는 현 직무의 기대된 효용성이 높은 사람일수록 경력몰입이 높아진다는 것으로 유추해 볼 수 있다.

성장기회는 전문적인 지식과 기술을 개발할 수 있는 기회의 정도로서 정의할 수 있다. 많은 선행연구에서 성장기회가 많다고 지각한 사람일수록 경력몰입이 높게 나타나고 있다. Hall(1971)은 사람들이 자신을 유능하며 자신의 경력역할에서 성공으로 나아가고 있다고 보게 됨에 따라 자신의 경력역할에 몰입하게 될 것이라고 주장하였으며 이는 Aryee & Tan(1992)의 연구에서도 지지되었으며 전문직 종사원을 대상으로 한 이기은(2000), 이기은·박경규(2002)의 연구에서도 전문가가 자신의 기술과 지식이 진부화 되는 것을 피하고 성장할 수 있는 기회가 많다고 지각할수록 높은 경력몰입의 수준을 보인다고 하였다. 이는 성장기회가 많다고 지각한 사람일수록 경력몰입이 높아진다는 것으로 유추해 볼 수 있다.

이상의 연구들을 정리해 보면 경력계획이 수립되고 경력만족이 높고 현 직무의 기대된 효용성이 높으며 성장기회가 많다고 지각한 사람일수록 경력몰입이 높을 것이라고 유추해 볼 수 있으며 이러한 선행연구를 바탕으로 다음과 같은 가설을 도출해 볼 수 있다.

가설 1-5. 경력특성은 경력몰입에 영향을 미칠 것이다.

가설 1-5-1. 경력계획을 수립한 사람일수록 경력몰입은 높게 나타날 것이다.
가설 1-5-2. 경력만족이 높을수록 경력몰입은 높게 나타날 것이다.
가설 1-5-3. 현 직무의 기대된 효용성이 높을수록 경력몰입은 높게 나타날 것이다.
가설 1-5-4. 성장기회가 많다고 지각할수록 경력몰입은 높게 나타날 것이다.

2) 경력몰입과 직무성과·경력변경의도·이직의도의 관계에 관한 가설

경력몰입이란 자신이 현재 가지고 있는 직업과 관련된 분야에 대한 개인의 주관적이고 감정적인 애착이라고 할 수 있다. 많은 선행연구에서 경력몰입의 결과변수로 직무성과, 경력변경의도, 이직의도의 관계를 검증하였다. 그 결과 다음과 같은 결론들을 도출하였다. 먼저 직무성과와 관련해서는 Kaldenberg, Becker & Zvonkovic(1995)는 경력몰입은 조직몰입과 마찬가지로 작업결과와 관련되기 쉽다고 주장하고 높은 전문직업몰입수준을 가진 전문가들은 낮은 몰입수준을 지닌 작업자들보다 전문적인 작업을 수행하는데 보다 많은 시간을 소비하고 생산적일 것이라고 기대할 수 있다고 하였다. 실제적으로 전문직업몰입은 출판물의 수, 발표논문의 수, 학회에서 맡고 있는 보직의 수, 기술개발노력과 긍정적인 관련이 있는 것으로 밝혀졌으며 Darden, Hampton & Howell(1989)은 백화점판매원을 대상으로 경력몰입과 소식몰입에 대한 동일한 선행요인과 결과변수를 이용한 모델에서 경력몰입의 결과변수로서 직무성과와 직무만족을 제시하였으며 그 결과 경력몰입은 직무성과와 직무만족에 긍정적인 영향을 미치는 것으로 조사되었으며 Baugh & Roberts (1994)는 전문직업몰입과 조직몰입 간의 관계가 갈등적이기보다는 보완적일 수 있음을 제시하고 2가지 몰입에 따른 성과와 태도에 대해 엔지니어를 대상으로 분석하였다. 분석결과 직무성과가 가장 높은 경우에는 조직몰입과 전문직업몰입 모두가 높은 경우였으며 가장 낮은 직무성과는 조직몰입은 낮고 전문직업몰입은 높은 경우에 나타났으며 또한 이런 경우에는 직무문제에 대한 어려움이 가장 높은 것으로 나타났다. 또한 Somers & Birnbaum(1998)은 작업과 관련된 몰입들, 즉 조직몰입, 직무몰입, 경력몰입 등과 직무성과와의 관계를 병원종사원을 대상으로 연구한 결과 직무몰입은 작업의 내재적인 보상요소들과 관련된 성과와 관련되었으나 경력몰입은 전체적인 직무성과와 관련이 있는 것으로 밝혀졌다.

본 연구에서는 직무성과를 측정하는데 있어 고객지향성을 통해 측정하였는데 많은 연구들(Bettencourt, 1997[150]);

Hartline & Ferrell, 1996[151]); Hoffman & Ingram, 1991[152]))
에서 종사원이 고객지향성을 높게 지각할수록 높은 서비스
품질을 제공하게 되고 이는 고객만족으로 이어져 결과론적
으로 경영성과를 높이게 된다고 한다. 이는 대부분의 서비
스 기업에 있어 서비스는 고객과 접점 종사원 사이의 상호
작용·접촉을 통하여 전달되기 때문에 고객에 대한 접점
종사원의 태도와 행위는 고객의 서비스품질 지각, 만족, 업
무 실적 등을 결정하게 되기 때문이다.

다음으로 경력변경의도와 관련해서 살펴보면 Morrow
(1983)과 Wiener & Vardi(1980)에 의하면 경력몰입은 개인의
경력 분야에 관한 태도를 묻는 것이기에 이직의도보다는 경
력변경의도와 강하게 관련이 있다고 하였다. 이는 Blau(1985,
1988, 1989)와 Carson & Bedeian(1994)에 증명되었는데 실제
로 경력변경의도는 조직몰입보다는 경력몰입과 관련성이
높은 것으로 나타났으며 이직의도는 경력몰입보다는 조직
몰입과 관련성이 높은 것으로 나타났다. 또한 Aryee &
Tan(1992), Morrow, Power & Lqbal(1993), Aryee, Chay &

150) Bettencourt, L. & Brown, S.(1997), "Contact Employee: Relationship Among Workforce Fairness, Job Satisfaction and Prosaical Service Behavior", Journal of Retailing, 73, pp.39-61

151) Hartline, M. & Ferrell, O.(1996), "The Management of Customer-Contact Service Employees: An Empirical Investigation", Journal of marketing, 60, pp.52-70

152) Hoffman, K, D. & Ingram, T. N.(1991), "Creating Customer-Oriented Employees: The Case in Home Health Care", Journal of Health Care Marketing, 11, pp.24-32

Chew(1994), 이기은(2000)은 경력몰입과 경력변경의도와는 부(-)의 상관관계가 있다고 하였다.

이는 몰입의 근속적인 측면과 정서적인 측면과 연관시켜 볼 수 있다. 근속적인 측면에서는 자신의 경력을 떠나게 되면 지금까지 자신의 경력 분야에서 쌓아온 혜택이나 성과를 포기해야 하는 경우가 발생되며 정서적인 측면에서는 자신의 경력 분야에 대해 기지고 있던 애착을 포기하게 되는 경우가 발생되기 때문에 경력몰입이 높으면 경력변경의도는 낮게 나타날 것이다.

마지막으로 이직의도와 관련해서 살펴보면 Aryee & Tan(1992)의 연구에서 경력몰입과 이직의도 간에는 유의한 관계가 있는 것으로 조사되었으며 이기은(2000)의 연구에서도 이직의도와 경력몰입의 관계는 통계적으로 유의하다고 하였다.

이런 이직의도가 기업에 미치는 영향은 종사원의 이직의도가 높을 경우 조직에의 귀속감이 저하되고 전체 구성원의 사기를 떨어뜨리며 결국 생산성의 저하를 초래할 수 있으며 실제로 이직이 발생할 경우 기업에 잔류하고 있는 종사원들의 사기에 영향을 미쳐 조직몰입도를 저해하여 조직 전체의 안정성을 떨어지게 하며 잔류자에게는 조직이나 직무에 대해 재평가를 하게하고 부정적인 이미지를 가지게 함으로서 다른 이직자가 발생될 수 있으며 이직자의 담당업무가 일시적인 공백상태를 보이기 때문에 전체시스템의 흐름에 있어 장애가 발생될 수 있으며 대체인력의 충원비용, 훈련비용 등 대체비용에 대한 부담이 증가하게 된다.153)

이상의 연구들을 정리해 보면 경력몰입이 높으면 직무성
과가 높고 경력변경의도가 낮으며 이직의도도 낮게 나타난
다는 것을 유추해 볼 수 있으며 이러한 선행연구를 바탕으
로 다음과 같은 가설을 도출해 볼 수 있다.

가설 2. 경력몰입은 직무성과·경력변경의도·이직의도에
　　　　영향을 미칠 것이다.

가설 2-1. 경력몰입이 높을수록 경력변경의도는 낮게 나
　　　　　타날 것이다.
가설 2-2. 경력몰입이 높을수록 이직의도는 낮게 나타날
　　　　　것이다.
가설 2-3. 경력몰입이 높을수록 직무성과는 높게 나타날
　　　　　것이다.

3) 개인·직무·역할·사회적 지원·경력특성과 직무 성과·경력변경의도·이직의도의 관계에 관한 가설

지금까지의 선행연구들을 살펴보면 경력몰입에 대한 선
행변수와 결과변수를 파악한 연구들은 일정 부분 이루어져
왔다. 하지만 이들 변수들 간에 대해 경력몰입을 매개효과
를 검증한 연구는 많이 이루어지지 않았다. 이기은(2000)은
직무특성과 경력특성이 조직구성원의 태도에 미치는 영향

---

153) 정봉원(1997), "관광호텔종사원의 갈등관리방법이 직무만족과
　　이직의사에 미치는 영향", 대구대학교 박사학위 논문, p.144

에 대한 연구들 통해 경력몰입의 매개효과를 검증하였는데
그 결과 일부의 직무와 경력특성의 변수들이 경력몰입을
통해 조직구성원의 태도에 영향을 미치는 것을 분석되었다.
따라서 본 연구에서는 경력몰입의 매개효과를 검증하기 위
해 다음과 같은 가설을 설정하였다.

> 가설 3. 개인·직무·역할·사회적 지원·경력특성은 경
> 력몰입을 통해 직무성과·경력변경의도·이직의
> 도에 영향을 미칠 것이다.

> 가설 3-1. 개인특성은 경력몰입을 통해 직무성과·경력변
> 경의도·이직의도에 영향을 미칠 것이다.
> 가설 3-2. 직무특성은 경력몰입을 통해 직무성과·경력변
> 경의도·이직의도에 영향을 미칠 것이다.
> 가설 3-3. 역할특성은 경력몰입을 통해 직무성과·경력변
> 경의도·이직의도에 영향을 미칠 것이다.
> 가설 3-4. 사회적 지원은 경력몰입을 통해 직무성과·경
> 력변경의도·이직의도에 영향을 미칠 것이다.
> 가설 3-5. 경력특성은 경력몰입을 통해 직무성과·경력변
> 경의도·이직의도에 영향을 미칠 것이다.

4) 고용형태의 역할에 관한 가설

경력몰입과 관련해서 기존의 경력관련 연구들은 대부분
정규직을 대상으로 하여 연구가 이루어졌으며 비정규직을

대상으로는 거의 연구가 이루어지지 않았다. IT 관련 종사원을 대상으로 한 임범식·탁진국(2002)의 연구에 의하면 경력몰입의 선행변수(개인 및 상황변수)가 경력몰입에 미치는 영향은 고용형태(정규직, 비정규직)에 따라 다르게 나타났는데 정규직의 경우 상황변수 가운데 회사정책과 직무특성이 경력몰입을 설명하는데 유의하였으며 비정규직에서는 개방적 조직문화만이 유의한 관계를 가지는 것으로 분석되었다. 따라서 본 연구에서도 경력몰입의 선행변수가 경력몰입에 미치는 영향은 고용형태에 따라 다르게 나타날 것이라고 보고 다음과 같은 가설을 설정하였다.

가설 4. 경력몰입의 선행변수가 경력몰입에 미치는 영향은 고용형태에 따라 다르게 나타날 것이다.

가설 4-1. 개인특성이 경력몰입에 미치는 영향은 고용형태에 따라 다르게 나타날 것이다.

가설 4-2. 직무특성이 경력몰입에 미치는 영향은 고용형태에 따라 다르게 나타날 것이다.

가설 4-3. 역할특성이 경력몰입에 미치는 영향은 고용형태에 따라 다르게 나타날 것이다.

가설 4-4. 사회적 지원이 경력몰입에 미치는 영향은 고용형태에 따라 다르게 나타날 것이다.

가설 4-5. 경력특성이 경력몰입에 미치는 영향은 고용형태에 따라 다르게 나타날 것이다.

제2절 변수의 조작적 정의

1. 선행변수

1) 개인특성

(1) 성장욕구

성장욕구는 한 개인이 조직에서 성장, 발전하고 싶은 욕구와 관련되는 개인적 특성으로 자존욕구와 자아실현욕구에 대한 열망이라 정의할 수 있다. 즉 도전적이고 독립적이며 다양하고 새로운 업무를 지향하는 정도라 할 수 있다. 본 연구에서는 Hackman & Oldham(1980)[154]이 개발한 직무진달설문지(JDS)에서 성장욕구강도를 측정한 6개의 항목 모두를 가지고 5점 척도를 이용하여 측정하였다.

(2) 통제의 위치

통제의 위치는 자신이 자신의 생활상의 사건에 영향을 미칠 수 있는가 하는 자신의 능력에 대한 평가라고 정의할 수 있다. 본 연구에서는 Rotter(1966)의 척도를 요약본으로

---

154) Hackman, J. R. & Oldham, G. R.(1980), Work Redesign, Addison-Wesley Publishing Company Inc., Massachusetts

개발한 Valencha & Ostrom(1974)[155]이 개발해서 사용한
11개의 항목 중에서 권상철(1991)[156]의 연구에서 사용된 4
개의 항목을 가지고 5점 척도를 이용하여 측정하였다.

(3) 자아존중감

자아존중감은 자신을 유능하고 중요하다고 여기는 정도
라고 정의할 수 있다. 본 연구에서는 Pierce et al.(1989)[157]
가 개발한 연구척도를 김우태(1997)[158]와 박윤희(2003)[159]가
사용한 4개의 항목을 가지고 5점 척도를 이용하여 측정하
였다.

---

155) Valencha, G. K. & Ostrom, T. M.(1974), "An Abbreviated
Measure of Internal-External Locus of Control", Journal of
Personality Assessment, 38, pp.369-376

156) 권상철(1991), "직무스트레스 요인이 조직유효성에 미치는 영
향에 관한 연구", 한양대학교 박사학위논문

157) Pierce, J. L., Gardner, D. G., Cummings, L. L. & Dunham,
R. B.(1989), "Organization-Based Self-Esteem: Construct
Definition, Measurement and Validation", Academy of
Management Journal, 32, pp.622-648

158) 김우태(1997), "조직구성원의 역량 제고를 위한 임파워먼트
과정에 관한 연구", 서강대학교 박사학위논문

159) 박윤희(2003), "대학부설 평생교육원 프로그램 개발 담당자의
직무수행과 관련변인", 서울대학교 박사학위논문

2) 직무특성

(1) 개인-직무의 적합성

개인-직무의 적합성은 Edwards(1991)의 연구에 기초하여 직무와 직무수행자 간의 상호 유기적인 조화로 정의할 수 있다. 개인-직무의 적합성은 이제까지 담당해온 직무가 개인의 성격이나 관심 분야와의 일치정도와 담당 직무를 수행하는데 요구되는 경험과 능력을 갖추고 있었는지에 대한 내용을 포함하고 있다. 본 연구에서는 장재윤(1996)이 개인의 전공 분야 또는 경험과 부합되는 정도로 측정한 5개의 항목을 가지고 이기은(2000)의 연구에서 측정한 것에서 요인으로 묶이지 않은 1문항을 제외한 4개의 항목을 가지고 5점 척도를 이용하여 측정하였다.

(2) 직무도전성

직무도전성은 직무가 반복적이거나 일상적이지 않으며 자신의 능력을 개발하기 위해 새롭게 노력을 들여야 하는 정도라고 정의할 수 있다. 본 연구에서는 Quinn & Staines (1977)와 Meyer & Allen(1988)[160]의 연구에서 사용된 항목

---

160) Meyer, J. P. & Allen, N. J.(1988), "Links between Work Experiences and Organizational Commitment During the First Year of Employment: A Longitudinal Analysis", Journal of Occupational Psychology, 61, pp.195-209

을 가지고 이기은(2000)의 연구에서 측정한 것에서 요인으로 묶이지 않은 1문항을 제외한 4개의 항목을 가지고 5점 척도를 이용하여 측정하였다.

(3) 직무자율성

직무자율성은 작업수행방법, 일정계획 수립, 그리고 작업기준 등을 결정하는데 개인에게 주어진 재량권의 정도로 정의될 수 있다. 본 연구에서는 Breaugh(1985)의 연구에서 사용된 항목 중에서 작업방법에 대한 자율성, 작업일정계획에 대한 자율성, 작업기준에 대한 자율성을 바탕으로 3개의 항목을 가지고 5점 척도를 이용하여 측정하였다.

3) 역할특성

(1) 역할모호성

역할모호성은 역할수행자가 역할의 목표, 요구 및 기대를 불확실하게 지각하는 상태로 정의할 수 있다. 역할모호성의 내용은 역할의 명료성, 직무의 책임과 권한의 관계 등을 포함한다. 본 연구에서는 역할갈등에서 사용한 Ivancevich & Matteson(1980)의 스트레스 진단표(SDS)에서 역할모호성을 측정한 3개의 항목을 가지고 5점 척도를 이용하여 측정하였다.

(2) 역할갈등

역할갈등은 역할수행자가 상충되는 두 개 이상의 역할상황이 동시에 처해 있다고 지각하는 상태로 정의할 수 있다. 역할갈등의 내용은 과업수행상의 모순성, 상반된 지시, 개인이 지각하는 역할갈등을 포함한다. 본 연구에서는 Ivancevich & Matteson(1980)[161]의 스트레스 진단표(SDS)에서 역할갈등을 측정한 3개의 항목을 가지고 5점 척도를 이용하여 측정하였다.

4) 사회적 지원

(1) 상사의 지원

상사의 지원은 구성원들 각각의 업무수행과 능력발휘의 과정에서 자신의 상사가 업무수행에 대하여 얼마나 많은 관심이 있으며 필요한 경우 도움을 줄 것으로 생각하고 있는지에 대한 지각의 정도라 할 수 있다. 즉 조직지원이 종사원에 대한 헌신 정도에 대한 종사원 개개인의 지각 즉 조직차원으로 인지되는 지원의 정도를 의미한다면 상사의 지원은 상사가 자신에게 보여주는 헌신, 관심 정도에 대한 종사원 개개인의 지각 즉 상사와의 관계에서 인지되는 지

---

161) Ivancevich, J. M. & Matteson, M. T.(1980), <u>Stress and Work: A Managerial Perspective</u>, Glenview Ⅲ: Scott, Foreman and Company

각을 의미한다. 본 연구에서는 Kim(1996)[162]의 연구에서 적용한 4항목 척도 중 3항목을 Peccei & Rosenthal (1997)[163]의 연구에서 1개 항목을 채택하여 4개 항목으로 측정한 고현철(2004)의 연구에서 사용한 4개 항목을 가지고 5점 척도를 이용하여 측정하였다.

(2) 동료의 지원

동료의 지원은 같은 조직 내에서 유사한 직위에 있는 동료들이 업무수행 상에 도움을 준다고 인식되는 정도로 정의할 수 있다. 본 연구에서는 House(1981)[164]의 척도를 수정한 Yoon & Lim(1999)[165]의 3개의 항목 중에서 동료의 업무도움 및 지지를 바탕으로 3개 항목을 가지고 5점 척도를 이용하여 측정하였다.

---

162) Kim, S.(1996), "Employee Intent to Stay: The Case of Automobile Workers in South Korea", Unpublished PhD Thesis, University of Iowa

163) Peccei, R. & Rosenthal, P.(1997), "The Antecedents of Employee Commitment to Customer Service: Evidence from UK Service Context", International Journal of Human Resource Management, 8, pp.66-86

164) House, J. S.(1981), Work, Stress and Social Support, Addison-Wesley, Reading, MA

165) Yoon, J. & Lim, J.(1999), "Organizational Support in the Workplace: The Case of Korean Hospital Employees", Human Relations, 52, pp.923-945

(3) 조직의 지원

조직의 지원은 조직구성원의 공헌을 얼마나 존중해 주고 조직이 자신에 대하여 얼마나 몰입하고 있으며 필요한 경우 도움을 줄 것으로 생각하고 있는지에 대한 지각의 정도로 정의할 수 있다. 조직의 지원은 Eisenberger, Huntington, Tutchinson & Sowa(1986)의 연구에서 36개 문항이 개발되었으며 이 가운데 요인 적재치가 높은 16개 항목을 다시 제시하였으며 Eisenberger, Commings, Armell & Lynch(1997)[166]의 연구에서는 조직의 지원 측정항목을 8개로 압축하여 이용하였다. 본 연구는 Eisenberger, Huntington, Tutchinson & Sowa(1986)의 16개의 문항에서 요인적재치가 높았던 항목과 우리나라의 실정에 적합하지 않은 문항과 설문내용이 거의 흡사한 문항들을 제외한 이기은(2000)이 측정한 6개의 항목을 가지고 5점 척도를 이용하여 측정하였다.

5) 경력특성

(1) 경력계획

경력계획이란 개인이 주체가 되어 자신의 경력목표를 설정하고 설정된 목표를 성취하기 위해 수립하는 행동과정이

---

166) Eisenberger, R., Cummings, J., Armeli, S. & Lynch, P.(1997), "Perceived Organizational Support, Discretionary Treatment and Job Satisfaction", Journal of Applied Psychology, 82, pp.812-820

나 수단을 말한다.

Gould(1979)는 경력계획을 측정하기 위해 경력계획을 가지고 있는지의 여부, 경력계획이 얼마나 자주 변경되는지, 그 계획이 얼마나 분명하지, 경력목표를 달성하기 위하여 전략이 존재하는지를 알아봄으로써 경력계획을 측정하였다. 본 연구에서도 Gould(1979)의 연구에서 사용된 6개의 항목 모두를 가지고 5점 척도를 이용하여 측정하였다.

(2) 경력만족

경력만족은 자신이 지나온 경력에 대해 갖고 있는 태도로 정의할 수 있다. 본 연구에서는 Greenhaus, Parasuraman, Wormley(1990)의 연구에서 사용된 5개의 항목 모두를 가지고 5점 척도를 이용하여 측정하였다.

(3) 현 직무의 기대된 효용성

현 직무의 기대된 효용성은 현재 담당하고 있는 직무가 가치 있는 경력결과를 달성할 수 있을 것으로 기대하는 정도로 정의할 수 있다. 본 연구에서는 Bedeian, Kemery & Pizzolatto(1991)의 연구에서 사용된 3개의 항목과 Aryee, Chay & Chew(1994)의 연구에서 사용된 4항목을 가지고 국내 실정에 맞게 추출한 이기은(2000)의 연구에서 사용된 5개 항목 모두를 가지고 5점 척도를 이용하여 측정하였다.

(4) 성장기회

성장기회는 전문적인 지식과 기술을 개발할 수 있는 기회의 정도로서 정의할 수 있다. 본 연구에서는 Iverson(1992)의 연구에서 사용된 5개의 항목 모두를 가지고 5점 척도를 이용하여 측정하였다.

2. 매개변수

1) 경력몰입

경력몰입이란 자신이 현재 가지고 있는 직업과 관련된 분야에 대한 개인의 주관적이고 감정적인 애착이라고 할 수 있다. 이는 개인의 직종이나 조직의 계층에 관계없이 직업을 가진 모든 개인이라면 가질 수 있는 태도로 이해할 수 있다.

본 연구에서는 Blau(1985, 1988, 1989), Blau, Paul & St. John(1993) 그리고 Carson & Bedeian(1994) 등의 연구에서 개발된 경력몰입 측정도구를 이용하여 경력몰입을 측정하고 한다. 이는 기존의 연구에서도 많이 사용되어왔고(Aryee & Tan 1992, Aryee et al 1994, Bedian et al. 1991, Cheriniss 1991, 장은미 1997) 이 항목들이 경력몰입을 측정하는데 있어서 타당하며 명확한 척도인 것으로 지적되기 때문이다.

Blau(1989)은 8개의 항목을 개발하여 경력몰입을 측정하였는데 이를 이기은(2000)의 연구에서 6개 항목을 이용하여 재측정하였다. 본 연구에서는 이기은(2000)의 연구에서 이용된 6개의 항목을 가지고 5점 척도를 이용하여 측정하였다.

3. 결과변수

1) 직무성과

직무성과란 일반적으로 조직원이나 구성원이 실현시키고자 하는 일의 바람직한 상태 또는 조직원이 자신의 목표를 달성할 수 있는 정도로 정의할 수 있다. 호텔종사원의 직무성과는 제조업의 종사원이나 판매원의 경우와 달리 하나의 지표로서 측정하기는 어렵다. 따라서 본 연구에서는 직무성과를 측정하는데 있어 고객지향성을 중심으로 직무성과를 측정하고자 한다. 서비스제공시 종사원의 태도와 행동으로 정의할 수 있는 고객지향성을 측정하기 위해 Saxe & Weitz(1982)의 6개 영역으로 구성된 SOCO(Selling OrientationCustomer Orientation) 척도에 고객대표성, 양자승리철학, 사후관리항목을 추가한 Williams(1992)이 개발한 척도를 사용한 이영석(2002)[167]의 연구에서 사용된 14개의 항목을 가지고 5점 척도를 이용하여 측정하였다.

---

167) 이영석(2002), "구성원의 서비스지향성이 경영성과에 미치는 영향에 관한 연구", 경희대학교 박사학위논문

2) 경력변경의도

경력변경의도란 현재의 경력 분야를 떠나려는 욕구의 정도로 정의할 수 있다. 본 연구에서는 Blau(1985)이 사용한 3개의 항목 모두를 가지고 5점 척도를 이용하여 측정하였다.

3) 이직의도

이직의도는 조직구성원이 자신이 소속된 부서에서 직무를 계속 수행하면서 개인의 목표달성이 이르기 어렵다고 지각되어 직무를 이탈하려는 심리적 상태로 정의할 수 있다. 본 연구에서 이직의도를 측정하기 위해 Michael & Spector(1982)의 연구와 Mobley(1982)의 연구에서 개발된 3개의 항목을 이용하여 이직의도를 5점 척도를 이용하여 측정하였다.

4. 조절변수

1) 고용형태

고용형태에 따라 고용과 사용이 일치하며 고용관계의 안전성을 보호받고 사업장의 정상적인 근로시간에 따라 전일제노동을 하며 근로의 제공자가 근로기준법 등의 법적 보호대상이 되며 임금이 연공서열의 영향을 받는 정규직168)과 이와 상반되는 비정규직으로 나누어 볼 수 있다. 본 연구에서는 정규직과 비정규직으로 나누어 연구를 수행하고자 한다.

제3절 조사 설계 및 분석방법

1. 조사 설계

본 연구는 연구의 목적을 달성하기 위해 호텔에 종사하는 종사원을 연구의 모집단으로 설정하였다.

연구대상의 선정은 <표 3-1>에서 볼 수 있듯이 국내 특급 호텔종사원을 대상으로 설정하였으며 조사의 편의를 위해 서울소재 특1급, 특2급 호텔을 선정 하였다. 또한 설문지는 각 등급별로 10개의 호텔을 선정하여 각 호텔에 20부씩 총 400부를 배포하였으며 설문조사기간은 2004년 9월 2일부터 2004년 10월 4일까지 약 32일간 본 연구자가 직접 해당 호텔을 방문하여 배포하였다. 총 400부를 배포하여 324부를 회수하였으며 설문지 중 설문에 대한 응답이 빠져 있거나 응답이 한 곳으로 치우친 설문지 47부를 제외한 최종 277부를 분석대상으로 하였다.

---

168) 박재규(2004), "비정규직 여성노동자의 고용환경 및 생활만족 변화 연구", <u>사회복지정책,</u> 제18집, p.226

<표 3-1> 조사 설계

모집단	국내 호텔 근무 직원
표 본	서울지역 특1급 특2급
표본의 크기 회수된 표본수 최종유효표본	400 324(81%) 277(69%)
조사 시기	2004년 9월 2일-2004년 10월 4일

2. 설문지의 구성

본 연구를 위해 사용된 설문지는 총 6개의 부분으로 구성되어 있다. I에서는 개인특성, II에서는 직무와 역할특성, III에서는 조직특성, IV에서는 경력특성, V에서는 경력몰입 및 결과변수, VI에서는 인구통계적 특성에 관한 질문으로 구성되어 있다. 본 연구에서는 인구통계적 특성을 제외한 모두 문항에 대해 Likert 5점 척도를 이용하여 "전혀 그렇지 않다"에서 "매우 그렇다"로 표시하고 질문에 대해 응답을 하도록 하였다. 구체적인 변수별 설문문항과 출처는 다음 <표 3-2>와 같다.

<표 3-2> 설문지의 구성

변 수		문항수	문항번호	출처
개인특성	성장욕구	6	I.1-6	Hackman & Oldham(1980)
	통제의 위치	4	I.7-10	Rotter(1966), Valencha & Ostrom(1974), 권상철(1991)
	자아존중감	4	I.11-14	Pierce et al.(1989), 김우태(1997), 박윤희(2003)
직무특성	개인-직무 적합도	4	II.1-4	장재윤(1996), 이기은(2000)
	직무도전성	4	II.5-8	Quinn & Staines(1979) Meyer & Allen(1988), 이기은(2000)
	직무자율성	3	II.9-11	Breaugh(1985)
역할특성	역할모호성	3	II.12-14	Ivancevich & Matteson(1980)
	역할갈등	3	II.15-17	Ivancevich & Matteson(1980)
사회적 지원	상사의 지원	4	III.1-4	Kim(1996), Peccei & Rosenthal(1997), 고현철(2004)
	동료의 지원	3	III.5-7	House(1981), Yoon & Lim(1999)
	조직의 지원	6	III.8-13	Eisenberger, Huntington, Tutchinson & Sowa(1986), 이기은(2000)
경력특성	경력계획	6	IV.1-6	Gould(1979)
	경력만족	5	IV.7-11	Greenhaus, Parasuraman, Wormley(1990)
	현 직무의 기대효율성	5	IV.12-16	Bedeian, Kemery & Pizzolatto(1991) Aryee, Chay & Chew(1994)이기은(2000)
	성장기회	5	IV.17-21	Iverson(1992)
경력몰입		6	V.1-6	Blau(1985, 1988, 1989), Blau, Paul & St. John(1993) Carson & Bedeian(1994), 이기은(2000)
경력변경의도		3	V.7-9	Blau(1985)
이직의도		3	V.10-12	Michael & Spector(1982) Mobley(1982)
직무성과		14	V.13-26	Saxe & Weitz(1982), Williams(1992), 이영석(2002)
인구통계적 특성		5	VI.1-5	
조절변수		1	VI.6	
합 계		97		

3. 분석방법

본 연구에서는 연구가설을 검증하기 위하여 사회과학 분야에서 널리 이용되고 있는 통계 패키지 프로그램 SPSS WIN 10.0을 이용하여 다음과 같은 통계분석 방법을 이용하였다.

첫째, 설문 응답자의 인구통계적 특성을 알아보기 위해 빈도분석을 실시하였다.

둘째, 수집된 자료는 Nunnally(1978)가 제시한 측정 타당화 과정을 바탕으로 측정도구의 신뢰성 및 타당성을 검증하기 위해 신뢰성분석과 요인분석을 실시하였으며 연구가설을 검증하기 전 요인들 간의 상관관계를 알아보기 위해 상관관계분석을 실시하였다.

셋째, 연구가설을 검증하기 위해 가설 1에서 다중회귀분석을 가설 2에서는 단순회귀분석을 이용하여 경력몰입의 선행변수와 결과변수의 영향관계를 분석하였으며 가설 3을 검증하기 위해 매개회귀분석을 이용해 경력몰입의 매개효과를 분석하였으며 가설 4를 검증하기 위하여 t-test와 조절회귀분석, 단순회귀분석을 통해 고용형태에 따른 조절효과를 분석하였다.

제4장 실증분석 및 결과

제1절 표본의 인구통계학적 분포

총 277부의 자료를 가지고 응답자의 일반적인 특성을 파악하기 위하여 빈도분석을 실시한 결과 표본의 인구통계학적 변수에 따른 구성인원과 비율의 분포는 <표 4-1>과 같다.

<표 4-1> 조사대상자의 일반적 특성

구 분		인원(명)	비율(%)
성 별	남	163	58.8
	여	114	41.2
학 력	고졸	16	5.8
	전문대졸	108	39.0
	대졸	115	41.5
	대학원졸	38	13.7
연 령	20대	106	38.3
	30대	123	44.4
	40대	39	14.1
	50대	9	3.2
결혼여부	미혼	151	54.5
	기혼	126	45.5

구 분		인원(명)	비율(%)
근속기간	1년 미만	37	13.4
	1-2년	30	10.8
	3-4년	28	10.1
	5-6년	43	15.5
	7-10년	70	25.3
	10년 이상	69	24.9
고용형태	정규직	202	72.9
	비정규직	75	27.1

우선 조사표본의 성별구성을 살펴보면 남자가 163명(58.8%), 여자가 114명(41.2%)으로 나타났으며 학력은 고졸이 16명(5.8%), 전문대졸이 108명(39%), 대졸이 115명(41.5%), 대학원졸이 38명(13.7%)로 나타났다. 연령은 20대가 106명(38.3%), 30대가 123명(44.4%), 40대가 39명(14.1%), 50대가 9명(3.2%)로 나타났으며 결혼여부는 미혼이 151명(54.5%). 기혼이 126명(45.5%)로 나타났다. 마지막으로 근속기간은 1년 미만이 37명(13.4%), 1-2년이 30명(10.8%), 3-4년이 28명(10.1%), 5-6년이 43명(15.5%), 7-10년이 70명(25.3%), 10년 이상이 69명(24.9%)로 나타났으며 고용형태는 정규직이 202명(72.9%), 비정규직이 75명(27.1%)로 나타났다.

제2절 신뢰성 및 타당성 검증

1. 연구문항에 대한 측정 타당화

1) 정화단계

본 연구에서 수집된 자료는 Nunnally(1978)가 제시한 측정 타당화 과정을 바탕으로 측정도구의 신뢰성 및 타당성을 검증하였다. 측정도구를 통해 수집된 개별자료는 참값과 오차의 두 부분으로 나누어진다. 이때 신뢰성 있는 척도가 되기 위해서는 오차영역 가운데 무작위 오차가 최소화되어야 한다. 측정도구의 신뢰성을 파악하기 위해서는 우선 정화절차를 거치게 되는데 이러한 정화절차는 항목 모집단 추출모형(Domain Sampling Model: DSM)에 근거하여 이루어진 무한의 큰 가설적 상관관계 행렬을 기본개념으로 하고 있다. 즉 하나의 개념을 측정하고자 하는 항목들로 구성되어 있는 가상의 항목 모집단이 존재한다는 것을 가정하고 해당 구성개념을 측정하고자 하는 항목집단이 하나의 항목 모집단에서 추출된 것인가를 검증하는 것으로 만약에 하나의 항목 모집단에서 추출된 가설적 표본항목들이라고 한다면 그 항목들 간의 상관계수가 하나의 영역으로부터 추출됨을 증명해 준다는 것이다.

이러한 정화절차에서 실시되는 신뢰성 분석은 측정항목

과 영역 내의 다른 항목들 사이의 상관관계를 통하여 파악을 하게 된다. 정화절차를 통해 측정항목들이 제거된 이후에는 다시 측정항목들이 하나의 요인으로 구성되어 있는가를 확인하는 단일차원성 확보절차를 수행하게 된다. 이러한 단일차원성 확보를 위해서는 일반적으로 회전되지 않은 요인분석을 실시하게 되는데 그 이유는 요인을 회전시키는 경우에 나타나는 요인의 순수성 상실에 기인한 것이며 이 과정에서도 단일차원성을 확보하고 있지 못한 항목들을 제거하게 된다.

이러한 과정이 끝나면 개별 구성별로 신뢰성을 검증하고 끝으로 측정도구의 내용, 개념 타당성을 파악하여 신뢰성과 타당성을 확보하고 있는 최종적인 분석문항을 선별하게 된다. 이러한 과정을 요약하면 <표 4-2>와 같다.

<표 4-2> 신뢰성 및 타당성의 분석과정

단 계	목적	측정방법
1단계	정화단계	신뢰성 분석(Item-to-total-Correlation)
2단계	단일차원성 학보	탐색적 요인분석(비회전방식이용, 개념별 실시)
3단계	신뢰성 검증	신뢰성 분석(Cronbach α)
4단계	판별 타당성 검증	요인분석(회전방식 이용하여 전체 개념에 대해 일괄처리 함)

2) 항목 정화단계

정화단계는 앞에서 언급한 DSM에 근거하여 이루어지므로 이의 기본가정을 충족시키기 위해서 특정개념을 측정하기 위한 측정항목과 그 항목을 제외한 여타 다른 항목들 사이의 상관관계를 살펴보면 파악할 수 있다. 이러한 분석을 실시한 결과는 <표 4-3>에 제시되어 있다.

통상적으로 상관계수의 크기가 0.3 이상이면 측정개념을 측정하는 항목들로 이루어진 항목들이 모집단으로부터 추출된 것으로 파악된다. <표 4-3>을 통하여 파악해보면 0.3 이하의 상관계수를 보이는 측정항목은 V7이었다. 이는 DSM이론에 근거하여 이들 항목의 제거를 고려할 것이 요구된다.

<표 4-3> 항목 정화단계

구성개념	문항	Item-to-total-Correlation	구성개념	문항	Item-to-total-Correlation
성장욕구	V1	.6137	역할모호성	V26	.6666
	V2	.5283		V27	.7012
	V3	.6869		V28	.7065
	V4	.6365			
	V5	.5744			
	V6	.5484			
통제위치	V7	.0843	역할갈등	V29	.6740
	V8	.5418		V30	.7923
	V9	.5594		V31	.7557
	V10	.5574			
자아존중감	V11	.6482	상사의 지원	V32	.5553
	V12	.6585		V33	.6994
	V13	.7130		V34	.5530
	V14	.7074		V35	.4334
개인－직무 적합도	V15	.6998	동료의 지원	V36	.6418
	V16	.5546		V37	.7393
	V17	.7899		V38	.6829
	V18	.7682			
직무도전성	V19	.5163	조직의 지원	V39	.6107
	V20	.5087		V40	.6808
	V21	.6389		V41	.6854
	V22	.6355		V42	.6167
				V43	.7091
				V44	.6849

구성개념	문항	Item-to-total-Correlation	구성개념	문항	Item-to-total-Correlation
직무자율성	V23	.6675	직무성과	V72	.6513
	V24	.7694		V73	.6992
	V25	.7092		V74	.6282
경력계획	V45	.7773		V75	.7102
	V46	.7491		V76	.6289
	V47	.7224		V77	.6667
	V48	.6807		V78	.6257
	V49	.7084		V79	.6631
	V50	.6669		V80	.7265
경력만족	V51	.6308		V81	.7239
	V52	.7050		V82	.6846
	V53	.5560		V83	.6721
	V54	.5731		V84	.7748
	V55	.5668		V85	.6812
현 직무의 기대 효율성	V56	.7245	경력변경 의도	V86	.8098
	V57	.7494		V87	.8388
	V58	.7284		V88	.7129
	V59	.7877			
	V60	.7245			
성장기회	V61	.5272	이직의도	V89	.7536
	V62	.7098		V90	.7126
	V63	.6801		V91	.6999
	V64	.6813			
	V65	.4861			
경력몰입	V66	.8241			
	V67	.8202			
	V68	.8314			
	V69	.8043			
	V70	.8070			
	V71	.7541			

전체 항목에 대한 개별항목의 상관계수가 낮은 1개의 문항을 제외하고 총 90개 문항을 대상으로 다음 단계의 측정

타당화 과정을 수행한다.

3) 단일차원성

 정화단계를 수행한 후 제거되지 않은 측정항목만을 대상으로 요인분석을 실시하여 측정항목의 각 개념별 단일차원성을 파악하여야 한다. 이를 위해서는 각 변수에 대한 요인분석을 실시하여 하나의 공통요인으로 묶이는가를 확인하여야 한다. 신뢰성, 타당성 검토 전에 측정 항목들이 하나의 구성개념으로 측정되는지를 파악하기 위해서는 각각의 척도에 대해서 단일차원성의 평가가 반드시 선행되어야 한다. 따라서 요인분석결과 해당 영역의 항목들이 단일한 요인으로 구성되어 나타날 경우에는 단일차원성이 확보되었다고 보는 것이고 그렇지 않은 경우에는 다른 요인으로 묶이는 항목들을 제거해야만 하는 것이다. 이를 위해서는 정화절차 후 남은 측정항목들을 대상으로 원 자료의 특성을 그대로 반영하기 위하여 회전되지 않은 탐색적 요인분석을 실시하여 각 변수의 요인부하량을 기준으로 단일차원성을 파악한다. Hair, Anderson, Tatham & Black(1995)는 요인적재량이 의미를 갖기 위한 기준으로 0.3 이상이면 최소한의 수준이며 0.5 이상이면 실질적으로 유의한 것으로 고려할 수 있다고 하였다. 각 항목별로 회전되지 않은 요인분석결과는 <표 4-4>와 같다. 분석결과 모든 측정항목의 요인 적재량이 적어도 0.5는 넘는 것으로 나타나 각 측정항목들은 모두가 단일차원으로 속하는 것으로 나타났다. 하지만 직무성과의 경우에는 요인이 중복적으로 나타나 측정항목을 제거하여 단일차원성을 확보하였다.

<표 4-4> 단일차원성

구성개념	문항	요인 적재치	구성개념	문항	요인 적재치	
성장욕구 (3.352)* (54.206)**	V1	.745	역할모호성 (2.245)* (74.828)**	V26	.850	
	V2	.661		V27	.871	
	V3	.815		V28	.874	
	V4	.780				
	V5	.728				
	V6	.677				
통제위치 (2.145)* (71.502)**	V8	.833	역할갈등 (2.352)* (78.385)**	V29	.846	
	V9	.867		V30	.914	
	V10	.836		V31	.895	
자아존중감 (2.735)* (68.374)**	V11	.800	상사의 지원 (2.338)* (58.458)**	V32	.773	
	V12	.808		V33	.868	
	V13	.851		V34	.758	
	V14	.848		V35	.641	
개인-직무 적합도 (2.805)* (70.133)**	V15	.838	동료의 지원 (2.238)* (74.595)**	V36	.835	
	V16	.721		V37	.893	
	V17	.896		V38	.862	
	V18	.883				
직무도전성 (2.376)* (59.410)**	V19	.722	조직의 지원 (3.612)* (60.205)**	V39	.729	
	V20	.712		V40	.788	
	V21	.822		V41	.792	
	V22	.820		V42	.736	
				V43	.813	
				V44	.794	
직무자율성 (2.297)* (76.571)**	V23	.846	직무성과 (7.518)* (53.701)**	V72	.707	.477
	V24	.906		V73	.748	.496
	V25	.872		V74	.679	.247
경력계획 (3.939)* (65.654)**	V45	.857		V75	.757	.336
	V46	.837		V76	.678	
	V47	.816		V77	.711	
	V48	.780		V78	.676	
	V49	.801		V79	.716	
	V50	.768		V80	.777	
				V81	.775	
				V82	.740	
				V83	.726	
				V84	.820	
				V85	.734	

구성개념	문항	요인 적재치	구성개념	문항	요인 적재치
경력만족 (2.895)* (57.902)**	V51 V52 V53 V54 V55	.791 .842 .724 .724 .716	경력변경의도 (2.460)* (81.999)**	V86 V87 V88	.919 .932 .864
현 직무의 기대 효율성 (3.529)* (70.580)**	V56 V57 V58 V59 V60	.826 .844 .830 .872 .827			
성장기회 (2.957)* (59.133)**	V61 V62 V63 V64 V65	.699 .838 .820 .819 .650	이직의도 (2.312)* (77.081)**	V89 V90 V91	.896 .873 .865
경력몰입 (4.526)* (75.440)**	V66 V67 V68 V69 V70 V71	.882 .879 .887 .867 .869 .827			

(아이겐값)* (분산설명력)**

4) 신뢰성 검증

　신뢰성은 넓은 의미에서 측정의 오류발생이 없는 정도로 연구대상에 대해 반복 측정한 경우에 결과가 얼마나 일관성 있게 나타나는가를 판단하는 개념이다. 신뢰성을 측정하기 위한 방법으로는 다양하게 나타나고 있으나 일반적으로 Cronbach's α를 활용한 내적 일관성 기법이 주로 사용된다. Nunnally에 의하면 0.7 이상이면 신뢰성이 있는 것으로 판

단되고 탐색적 연구에서는 0.5 이상을 기준치로 활용할 것이 권고되고 있다.

각 변수에 대한 신뢰성 검토 결과 <표 4-5>와 같이 나타났다. 검증결과 대부분의 측정항목들이 Nunnally가 제시한 기준인 0.5를 상회하고 있으나 제거대상 측정항목 V16, V23, V29, V35, V88이 발견되었다. 이는 이들 변수를 제거했을 때 각 구성개념 내외 내적 일관성 수준이 일정 수준 높아지는 것으로 나타나기 때문이다.

5) 타당성 검증

신뢰성이 확보된 후에는 요인분석을 통해 타당성을 검증하여야 한다. 타당성이란 측정치가 의도한 것을 실제로 측정하고 있는 정도를 나타내는 것으로 본 연구에서는 경력몰입에 대한 선행변수, 결과변수, 매개변수로 나누어 회전된 요인분석을 실시하였다. 또한 판별 타당성의 확보를 위해 많이 활용되는 주성분분석을 이용하였으며 요인회전방법으로는 요인들 간의 상호독립성을 유지하여 회전하는 직각회전방법을 선택하였다.

먼저 경력몰입에 대한 선행변수의 요인분석결과 <표 4-6>과 같이 나타났으며 총 14개의 요인으로 묶였다. 이는 선행연구의 결과와 거의 비슷하나 역할특성의 경우 역할모호성과 역할갈등이 하나의 요인으로 묶였으며 경력만족의 경우는 V53과 성장기회의 경우 V61 등이 요인에 포함되지 않는 것으로 나타나 제외시켰다.

<표 4-5> 신뢰성 검증

구성개념	문항	Alpha if item deleted	구성개념	문항	Alpha if item deleted
성장욕구 (.8256)	V1 V2 V3 V4 V5 V6	.7941 .8145 .7781 .7906 .8017 .8075	역할모호성 (.8316)	V26 V27 V28	.7906 .7570 .7518
통제위치 (.7987)	V8 V9 V10	.7480 .6878 .7418	역할갈등 (.8617)	V29 V30 V31	.8631 .7532 .7900
자아존중감 (.8454)	V11 V12 V13 V14	.8182 .8139 .7904 .7927	상사의 지원 (.7592)	V32 V33 V34 V35	.7040 .6207 .7067 .7644
개인－직무 적합도 (.8569)	V15 V16 V17 V18	.8189 .8728 .7795 .7883	동료의 지원 (.8293)	V36 V37 V38	.8087 .7113 .7684
직무도전성 (.7712)	V19 V20 V21 V22	.7464 .7487 .6797 .6814	조직의 지원 (.8677)	V39 V40 V41 V42 V43 V44	.8544 .8424 .8416 .8534 .8373 .8417
직무자율성 (.8303)	V23 V24 V25	.8903 .7319 .7917	직무성과 (.9326)	V76 V77 V78 V79 V80 V81 V82 V83 V84 V85	.9297 .9282 .9295 .9283 .9264 .9264 .9277 .9281 .9250 .9278
경력계획 (.8947)	V45 V46 V47 V48 V49 V50	.8666 .8711 .8753 .8817 .8776 .8845			
경력만족 (.8148)	V51 V52 V53 V54 V55	.7709 .7501 .7930 .7889 .7900			

구성개념	문항	Alpha if item deleted	구성개념	문항	Alpha if item deleted
현 직무의 기대 효율성 (.8956)	V56 V57 V58 V59 V60	.8769 .8713 .8760 .8626 .8769	경력변경의도 (.8899)	V86 V87 V88	.8218 .7946 .9032
성장기회 (.8189)	V61 V62 V63 V64 V65	.8071 .7531 .7650 .7632 .8251	이직의도 (.8507)	V89 V90 V91	.7603 .8002 .8105
경력몰입 (.9346)	V66 V67 V68 V69 V70 V71	.9202 .9209 .9193 .9228 .9227 .9289			

(Cronbach's α)

<표 4-6> 타당성 검증

문항	요인													
	성장 욕구	통제 위치	자아 존중	직무 적합도	직무 도전성	직무 자율성	역할 특성	상사 지원	동료 지원	조직 지원	경력 계획	경력 만족	기대 효율성	성장 기회
V45											.783			
V49											.779			
V50											.778			
V48											.773			
V46											.745			
V47											.706			
V31							.877							
V28							.841							
V30							.829							
V26							.819							
V27							.819							
V43										.788				
V42										.736				
V44										.728				
V41										.721				
V40										.701				
V39										.648				

문항	요 인													
	성장욕구	통제위치	자아존중	직무적합도	직무도전성	직무자율성	역할특성	상사지원	동료지원	조직지원	경력계획	경력만족	기대효율성	성장기회
V59													.790	
V58													.744	
V57													.700	
V56													.698	
V60													.686	
V4	.765													
V5	.753													
V3	.750													
V1	.689													
V2	.527													
V6	.502													
V13			.810											
V14			.795											
V12			.768											
V11			.733											
V63														.722
V65														.719
V64														.708
V62														.625
V15				.845										
V18				.815										
V17				.810										

문항	요 인													
	성장 욕구	통제 위치	자아 존중	직무 적합도	직무 도전성	직무 자율성	역할 특성	상사 지원	동료 지원	조직 지원	경력 계획	경력 만족	기대 효율성	성장 기회
V51 V52 V54 V55												.807 .755 .617 .553		
V36 V37 V38									.816 .814 .760					
V8 V9 V10		.830 .794 .765												
V20 V19 V21 V22					.689 .653 .581 .557									
V33 V32 V34								.806 .739 .611						
V24 V25						.819 .802								
아이겐 값	2.647	1.398	2.206	1.782	1.342	1.028	5.227	1.188	1.558	4.058	11.343	1.641	3.572	2.100
분산설 명력	4.564	2.410	3.804	3.073	2.313	1.773	9.013	2.048	2.687	6.997	19.558	2.829	6.159	3.621

　다음으로 경력몰입에 대한 요인분석결과 <표 4-7>과 같이 나타났다.

<표 4-7> 경력몰입의 요인분석

문　항	요　인 경력몰입
V66	.887
V67	.882
V68	.879
V69	.869
V70	.867
V71	.827
아이겐값	4.526
분산설명력	75.440
누적 분산설명력	75.440

　마지막으로 경력몰입의 결과변수에 대한 요인분석결과 <표 4-8>과 같이 나타났다.

<표 4-8> 경력몰입의 결과변수에 대한 요인분석

문 항	요 인		
	경력변경의도	이직의도	직무성과
V86			.849
V87			.827
V90			.763
V88			.751
V84			.655
V85			.644
V91			.643
V89			.592
V83			.574
V82			.562
V75		.826	
V77		.764	
V76		.756	
V76	.705		
V75	.691		
아이겐값	1.553	2.657	5.705
분산설명력	10.351	17.714	38.031
누적 분산설명력	66.096	55.745	38.031

6) 측정도구에 의한 검증결과

본 연구에서 측정도구에 대한 분석은 Nunnally가 제시한 측정타당화의 일반적 과정을 수행하였으며 그 결과 총 91개의 문항에서 <표 4-9>에서와 같이 총 12개의 문항이 제거되어 총 79개 항목이 가설검증을 위한 통계분석에 이용되었다.

<표 4-9> 측정도구에 의한 검증결과

연구단위 구성개념	최초 문항수	정화 결과	단일차원성 분석결과	신뢰성 분석결과	요인분석 결과	총 잔여 변수
			제거 문항수	제거 문항수	제거 문항수	
성장욕구	6					6
통제의 위치	4	1				3
자아존중감	4					4
개인 – 직무의 적합도	4			1		3
직무도전성	4					4
직무자율성	3			1		2
역할모호성	3					3
역할갈등	3			1		2
상사의 지원	4			1		3
동료의 지원	3					3
조직의 지원	6					3
경력계획	6					6
경력만족	5				1	4
현 직무의 기대된 효용성	5					5
성장기회	5				1	4
경력몰입	6					6
경력변경의도	3			1		2
이직의도	3					3
직무성과	14		4			10

제3절 상관관계분석

상관관계분석은 탐색적 연구에서 가설검증에 사용될 뿐 아니라 가설검증을 실시하기에 앞서 모든 연구가설에서 사용되는 중요 변수들 간의 관계의 강도를 제시함으로써 변수 간 관련성에 대한 대체적인 윤곽을 제시해 준다. 따라서 상관관계분석은 모든 분석에 앞서 요구되는 선행조건이기도 한다.

본 연구에서 사용된 관련 변수들의 기술통계와 변수들 간의 상관관계는 다음 <표 4-9>와 같다. 성장욕구는 평균이 4.24로 매우 높게 나타났으며 조직지원, 경력만족, 경력몰입은 평균이 3.0 이하로 나타났으며 나머지 변수는 평균 3.0 이상으로 나타났다. 또한 인구통계적 특성과 경력몰입 간에는 선행연구와 달리 상관관계가 유의하지 않는 것으로 나타났다.

<표 4-10> 상관관계

변수	평균	표준편차	1	2	3	4	5	6	7	8	9	10	11	12	13	14	15	16	17	18	19	20	21	22	23
성별	1.41	0.49	1.00																						
학력	2.63	0.79	-.177**	1.00																					
연령	1.82	0.79	-.324**	.081	1.00																				
결혼여부	1.45	0.50	-.307**	.114	.609**	1.00																			
근속기간	4.03	1.73	-.343**	.080	.712**	.587**	1.00																		
성장욕구	4.24	0.53	-.172**	.144*	-.041	-.033	-.047	1.00																	
통제위치	3.36	0.74	-.156**	.036	.097	.002	.147*	.147*	1.00																
자아존중	3.78	0.55	-.257**	-.013	.071	-.030	.108	.352**	.303**	1.00															
직무적합	3.30	1.02	-.161**	.081	.004	.043	-.043	.341**	-.057	.076	1.00														
직무도전	3.54	0.69	-.222**	.033	.138*	.067	.050	.335**	.104	.277**	.372**	1.00													
직무자율	3.16	0.91	-.267**	.074	.318**	.187**	.295**	.121*	.077	.188**	.144*	.377**	1.00												
역할특성	2.69	0.82	.001	-.048	.039	-.045	.137*	-.071	.280**	.055	-.078	.039	.046	1.00											

변수	평균	표준편차	1	2	3	4	5	6	7	8	9	10	11	12	13	14	15	16	17	18	19	20	21	22	23
상사지원	3.71	0.69	-.104	.088	.129*	.058	.094	.244**	.029	.191**	.252**	.301**	.248**	-.270**	1.00										
동료지원	3.74	0.68	-.220**	-.008	.136*	-.004	.090	.207**	.095	.309**	.026	.273**	.131*	-.104	.415**	1.00									
조직지원	2.98	0.69	-.150*	.054	.203**	.071	.150*	.128*	.098	.275**	.159**	.329**	.336**	.014	.266**	.250**	1.00								
경력계획	3.62	0.67	-.262**	.168**	-.007	.029	-.119*	.450**	.014	.224**	.363**	.262**	.134*	-.140*	.190**	.154*	.179**	1.00							
경력만족	2.97	0.71	-.102	.023	.061	-.009	.061	.019	.113	.136*	.048	.190**	.213**	.074	-.022	.070	.440**	.171**	1.00						
기대효율	3.46	0.75	-.134*	.095	.005	-.040	-.191**	.366**	-.022	.156**	.344*	.492**	.251**	-.151*	.301**	.275**	.326**	.500**	.393**	1.00					
성장기회	3.10	0.70	-.126*	.197**	.122*	.005	.008	.145*	.066	.133*	.267**	.372**	.241**	.050	.142*	.083	.518**	.260**	.450**	.428**	1.00				
경력몰입	2.99	0.93	.021	-.020	-.009	-.061	-.041	.189**	.053	.151*	.160**	.199**	.083	-.085	.023	.050	.291**	.203**	.390**	.267**	.362**	1.00			
경력변경	2.90	1.03	-.026	.012	-.006	.038	.103	-.008	-.022	-.001	-.075	-.044	.018	.260**	-.071	.048	-.073	-.020	-.144*	-.173**	-.053	-.429**	1.00		
이직의도	3.02	0.88	-.016	.228**	-.149*	-.124*	-.104	.000	.028	.069	.119*	.045	-.001	.248**	-.170**	-.082	.024	.158**	-.059	.002	.085	-.207**	.247**	1.00	
직무성과	3.83	0.56	-.224**	.145*	.170**	.141*	.106	.505**	.122*	.359**	.192**	.293**	.197**	-.127*	.310**	.272**	.205**	.440**	.099	.337**	.156**	.166**	-.082	.013	1.00

*: p<.05 **: p<.01 (양측검증에 의한 p-value에 기초함)
성별: 1=남 2=여
학력: 1=고졸 2=전문대졸 3=대졸 4=대학원졸
연령: 1=20대 2=30대 3=40대 4=50대
결혼여부: 1=미혼 2=기혼
근속기간: 1=1년 미만 2=1-2년 3=3-4년 4=5-6년 5=7-10년 미만 6=10년 이상

제4절 가설 검증

경력몰입에 영향을 미치는 선행변수와 경력몰입의 결과로 나타나는 결과변수의 관계를 검증하기 위해 본 연구에서는 다중회귀방식을 실시하였다. 이는 개별적인 선행변수와 결과변수 간의 관계를 살펴보는 단순회귀분석을 사용했을 때 보다 다중회귀분석을 이용하면 단순회귀분석에 비해 편의를 줄이고 보다 정밀한 인과관계를 밝힐 수 있기 때문이다. 다중회귀방식은 독립변수들을 동시에 투입하는 방식을 이용하였다. 또한 인구통계적 특성변수를 통제변수로 사용하였는데 이는 앞의 <표 4-10>의 상관관계분석에서 나타났듯이 인구통계적 변수들이 선행변수와 결과변수에 유의한 관련성이 있는 것으로 나타났기 때문이다. 그러므로 이들 변수를 통제하지 않으면 변수들 간의 관계를 명확히 살펴볼 수가 없기 때문에 본 연구의 모든 가설검증에 있어 인구통계적 특성변수를 통제하여 분석하였다.

1. 개인·직무·역할·사회적 지원·경력특성과 경력몰입의 관계에 관한 가설검증

가설 1은 개인특성, 직무특성, 역할특성, 사회적 지원, 경력특성과 경력몰입 간의 관계를 검증하는 것으로 다중회귀

148

분석을 이용하여 분석하였다.

1) 가설 1-1의 검증

가설 1-1은 개인특성과 경력몰입 간의 관계를 검증하는 것으로 인구통계적 특성을 통제변수로 하고 개인특성(성장욕구, 통제의 위치, 자아존중)을 독립변수로 하고 경력몰입을 종속변수로 하여 다중회귀분석을 실시하였다. 분석결과 <표 4-11>과 같이 나타났다. 먼저 기여율[169]인 R^2는 .061로 나타났는데 이는 경력몰입의 총분산 가운데 6.1%를 설명하는 것이며 회귀식에 대한 F값이 2.010으로서 유의수준($p < .05$)에서 통계적으로 유의한 결과를 보여주고 있다. 그리고 통제변수만이 회귀식에 들어갔을 때의 R^2는 .009이였는데 개인특성이 회귀식에 포함됨으로서 경력몰입의 분산에 대한 설명력이 5.2%가 증가하였다.

개인특성의 각 변수들에 대한 유의성을 살펴보면 성장욕구와 자아존중감이 경력몰입에 대해 통계적으로 유의하게 나타났으며 통제의 위치는 통계적으로 유의하지 않게 나타났다.

구체적으로 살펴보면 성장욕구는 경력몰입에 대해 정(+)의 방향으로 영향을 미쳤으며 성장욕구 회귀계수에 대한 t

---

169) 회귀식의 유효성을 평가하기 위한 지표로서 기여율(결정계수)이 있다. 이 기여율은 종속변수의 변동 중 회귀식에 의해서 설명되는 변동의 비율을 나타내는 지표로서 기여율이 1에 가까울수록 회귀식은 잘 들어맞는다고 한다. 기여율은 R^2라고 하는 기호로 표시하며 기여율 R의 제곱근 R을 상관계수라 한다.

값은 2.248로서 .05의 수준에서 유의하였다. 또한 회귀식(종속변수＝상수의 B값＋독립변수의 B값＊독립변수)을 이용하여 검증하여 보면 "경력몰입＝1.107＋0.261＊성장욕구" 즉, 성장욕구가 1단위 올라가면 95%의 신뢰수준에서 경력몰입은 .032에서 .489로 증가한다. 이는 곧 성장욕구가 높으면 경력몰입이 높다는 것을 증명하는 것이다.

이는 Blau(1985)와 최윤아(2000)의 연구결과와 일치하며 London(1983)이 주장한 것처럼 성장욕구가 강한 사람은 자신에게 주어지는 성장기회에 대해서 더욱 적극적으로 반응하기 때문이며 현재의 경력이 모티베이터의 역할을 지속적으로 해주기 때문에 성장욕구가 강한 사람이 경력몰입이 높게 나타나는 것이다.

자아존중감은 경력몰입에 대해 정(＋)의 방향으로 영향을 미쳤으며 자아존중 회귀계수에 대한 t값은 2.002로서 .05의 수준에서 유의하였다. 또한 회귀식(종속변수＝상수의 B값＋독립변수의 B값＊독립변수)을 이용하여 검증하여 보면 "경력몰입＝1.107＋0.236＊자아존중감" 즉, 자아존중감이 1단위 올라가면 95%의 신뢰수준에서 경력몰입은 .004에서 .468로 증가한다. 이는 곧 자아존중감이 높으면 경력몰입이 높다는 것을 증명하는 것이다.

이는 Gould(1979), Carson, Lanford & Roe(1997), Cherniss(1991)의 연구결과와 일치하며 호텔종사원의 경우 자아존중감에 대한 평균값이 3.78로서 높게 나타났으며 이는 자신을 유능하고 중요하다고 느끼는 정도가 높은 것으로 볼 수 있다. 따라서 자아존중감이 높을수록 경력몰입이 높다고 유추해 볼 수 있다.

하지만 통제의 위치의 경우 회귀계수에 대한 t값은 각각 -.294로서 유의수준 .05 수준에서 유의하지 않았다. 이는 <표 4-10>의 상관관계분석의 결과에서 보여 지는 것처럼 통제의 위치(r=.053)의 경우에는 경력몰입과 통계적으로 유의한 차이가 없는 것으로 나타났다. 이는 호텔기업에 종사하는 종사원의 경우 통제의 위치는 경력몰입에 영향을 미치지 않는 것으로 볼 수 있다.

따라서 가설 1-1-1과 가설 1-1-3은 채택되고 가설 1-1-2는 기각되었다.

<표 4-11> 개인특성과 경력몰입 간의 관계에
대한 회귀분석

모　형	비표준화계수		표준화 계수	t	유의 확률	B에 대한 95% 신뢰구간	
	B	표준오차	베타			하한값	상한값
1　(상수)	3.174	.366		8.680	.000	2.454	3.894
성별	6.984E-03	.125	.004	.056	.956	-.240	.254
학력	-1.5E-02	.073	-.012	-.202	.840	-.158	.129
연령	8.531E-02	.109	.072	.785	.433	-.129	.299
결혼여부	-.143	.150	-.076	-9.55	.341	-.439	.152
근속기간	-2.4E-02	.049	-.045	-.494	.621	-.120	.072

R^2=.009 F=.432 유의확률=.826

모　형	B	표준오차	베타	t	유의확률	하한값	상한값
2　(상수)	1.107	.698		1.494	.004	-.331	2.416
성별	.128	.128	.067	.997	.320	-.125	.380
학력	-3.2E-02	.072	-.027	-.447	.655	-.175	.110
연령	9.023E-02	.107	.076	.846	.398	-.120	.300
결혼여부	-9.1E-02	.149	-.049	-.609	.543	-.385	.203
근속기간	-2.5E-02	.049	-.046	-.509	.611	-.120	.071
성장욕구	.261	.114	.166	2.248	.025	.032	.489
통제위치	1.024E-02	.079	.008	-.294	.898	-.181	.134
자아존중	.236	.114	.105	2.002	.046	.004	.468

R^2=.061 F=2.010 유의확률=.046

2) 가설 1-2의 검증

가설 1-2는 직무특성과 경력몰입 간의 관계를 검증하는 것으로 인구통계적 특성을 통제변수로 하고 직무특성(개인－직무 간의 적합도, 직무도전성, 직무자율성)을 독립변수로 하고 경력몰입을 종속변수로 하여 다중회귀분석을 실시하였다. 분석결과 〈표 4-12〉과 같이 나타났다. 먼저 기여율인 R^2는 .059로 나타났는데 이는 경력몰입의 총분산 가운데 5.9%를 설명하는 것이며 회귀식에 대한 F값이 2.092로서 유의수준(p<.05)에서 통계적으로 유의한 결과를 보여주고 있다. 그리고 통제변수만이 회귀식에 들어갔을 때의 R^2는 .006이였는데 개인특성이 회귀식에 포함됨으로서 경력몰입의 분산에 대한 설명력이 4.7%가 증가하였다.

직무특성의 각 변수들에 대한 유의성을 살펴보면 개인－직무의 적합도와 직무도전성이 경력몰입에 대해 통계적으로 유의하게 나타났으며 직무자율성은 통계적으로 유의하지 않게 나타났다.

구체적으로 살펴보면 개인－직무의 적합성은 경력몰입에 대해 정(＋)의 방향으로 영향을 미쳤으며 개인－직무의 적합도 회귀계수에 대한 t값은 1.701로서 .05의 수준에서 유의하였다. 또한 회귀식(종속변수＝상수의 B값＋독립변수의 B값＊독립변수)을 이용하여 검증하여 보면 "경력몰입＝1.830＋0.100＊개인－직무 적합도" 즉, 개인－직무 적합도가 1단위 올라가면 95%의 신뢰수준에서 경력몰입은 .016에서 .260으로 증가한다. 이는 곧 개인－직무의 적합도가 높으면 경력몰입이 높다는 것을 증명하는 것이다.

이는 장재윤(1996), 이기은(2000), 이기은·박경규(2002)의 연구결과와 일치하며 개인－직무 적합도가 높다는 것은 개인의 능력과 직무 요건 간의 조화 또는 개인의 필요 또는 욕구와 직무가 제공하는 내·외적 보상 간의 조화가 높다는 것이다. 따라서 개인－직무의 적합도를 높게 지각하는 사람일수록 경력몰입이 높게 나타나는 것으로 사료된다.

직무도전성은 경력몰입에 대해 정(＋)의 방향으로 영향을 미쳤으며 직무도전성 회귀계수에 대한 t값은 2.348로서 .05의 수준에서 유의하였다. 또한 회귀식(종속변수＝상수의 B값＋독립변수의 B값 * 독립변수)을 이용하여 검증하여 보면 "경력몰입＝1.830＋0.218 * 직무도전성" 즉, 직무도전성이 1단위 올라가면 95%의 신뢰수준에서 경력몰입은 .035에서 .400으로 증가한다. 이는 곧 직무도전성이 높으면 경력몰입이 높다는 것을 증명하는 것이다.

이는 Aryee & Tan(1992), 이기은(2000), 이기은·박경규(2002)의 연구결과와 일치하며 Miller(1986)가 주장한 것처럼 직무가 도전적일수록 흥미를 유발시켜 더욱 자신의 경력에 대해 몰입하게 되며 또한 주어진 업무를 성공적으로 수행했을 때 보다 큰 성취감을 얻을 수 있으며 자신의 능력을 발휘할 수 있기 때문이다. 따라서 직무도전성이 높은 사람일수록 경력몰입이 높게 나타나는 것으로 사료된다.

하지만 직무자율성의 경우 회귀계수에 대한 t값은 .447로서 유의수준 .05수준에서 유의하지 않았다. 이는 <표 4-10>의 상관관계분석의 결과에서 보여 지는 것처럼 직무자율성

(r=.083)의 경우 통계적으로 유의하지 않은 것으로 나타났다. 또한 직무자율성은 평균값이 3.16으로 평균보다 높게 나타났으나 호텔기업의 인카운터상에서 일하는 종사원의 경우 업무를 처리하는데 있어 상황에 따라 업무를 처리해야 하나 업무의 특성상 본인이 직접 처리를 한 후 추후에 승인을 받는 것보다 승인을 받은 후 일을 처리해야 하는 부분이 더 많기 때문에 직무의 자율성에는 전문직 종사자에 비해 한계가 있다. 따라서 호텔기업의 경우 직무자율성은 경력몰입에 영향을 미치지 않는 것으로 볼 수 있다.

　따라서 가설 1-2-1과 가설 1-2-2는 채택되고 가설 1-2-3은 기각되었다.

154

<표 4-12> 직무특성과 경력몰입 간의 관계에
대한 회귀분석

모 형		비표준화계수		표준화 계수	t	유의 확률	B에 대한 95% 신뢰구간	
		B	표준 오차	베타			하한값	상한값
1	(상수)	3.174	.366		8.680	.000	2.454	3.894
	성별	6.984E-03	.125	.004	.056	.956	-.240	.254
	학력	-1.5E-02	.073	-.012	-.202	.840	-.158	.129
	연령	8.531E-02	.109	.072	.785	.433	-.129	.299
	결혼여부	-.143	.150	-.076	-9.55	.341	-.439	.152
	근속기간	-2.4E-02	.049	-.045	-.494	.621	-.120	.072

R^2=.006 F=.339 유의확률=.889

모 형		비표준화계수		표준화 계수	t	유의 확률	B에 대한 95% 신뢰구간	
		B	표준 오차	베타			하한값	상한값
2	(상수)	1.830	.504		3.629	.000	.837	2.823
	성별	.123	.127	.065	.970	.333	-.126	.372
	학력	-2.1E-02	.072	-.018	-.298	.766	-.162	.120
	연령	3.960E-02	.108	.033	.367	.714	-.173	.252
	결혼여부	-.144	.147	-.077	-.976	.330	-.434	.146
	근속기간	-4.0E-03	.049	-.007	-.083	.934	-.100	.092
	개인-직무적합	.100	.059	.110	1.701	.040	.016	.216
	직무도전성	.218	.093	.162	2.348	.020	.035	.400
	직무자율성	3.091E-02	.069	.030	.447	.655	-.105	.167

R^2=.059 F=2.092 유의확률=.037

3) 가설 1-3의 검증

가설 1-3은 역할특성과 경력몰입 간의 관계를 검증하는 것으로 선행연구에서는 역할특성을 역할모호성, 역할갈등으로 나누어 측정하였다. 본 연구에서도 두 변수를 이용하여 측정하려 하였으나 신뢰성 및 타당성의 검증절차에서 두

변수가 하나의 요인으로 묶이어 이를 역할특성이라 명명하고 가설을 검증하고자 한다.

앞의 가설검증 절차와 같이 인구통계적 특성을 통제변수로 하고 역할특성을 독립변수로 하고 경력몰입을 종속변수로 하여 다중회귀분석을 실시하였다. 분석결과 <표 4-13>과 같이 나타났다. 먼저 기여율인 R^2는 .029로 나타났는데 이는 경력몰입의 총분산 가운데 2.9%를 설명하는 것이며 회귀식에 대한 F값이 1.250으로서 유의수준(p<.05)에서 통계적으로 유의한 결과를 보여주고 있다. 그리고 통제변수만이 회귀식에 들어갔을 때의 R^2는 .009이였는데 역할특성이 회귀식에 포함됨으로서 경력몰입의 분산에 대한 설명력이 2%가 증가하였다.

구체적으로 살펴보면 역할특성은 경력몰입에 대해 부(−)의 방향으로 영향을 미쳤으며 역할특성 회귀계수에 대한 t값은 −2.303으로서 .05의 수준에서 유의하였다. 또한 회귀식(종속변수＝상수의 B값＋독립변수의 B값 * 독립변수)을 이용하여 검증하여 보면 "경력몰입＝3.732−0.163 * 역할특성" 즉, 역할특성이 1단위 올라가면 95%의 신뢰수준에서 경력몰입은 −.032에서 −.024로 낮아진다. 이는 곧 역할특성이 높으면 경력몰입이 낮아진다는 것을 증명하는 것이다. 역으로 말해서 역할특성이 낮으면 경력몰입이 높아진다는 것이다.

이는 Blau(1985), Darden et al.(1989), Colarelli & Bishop(1990), 장재윤(1996)의 연구결과와 일치하며 자신이 조직 내에서 가지고 있는 역할에 대하여 충분한 정보를 가지고 있고 올바로 이해하고 있을수록 경력몰입이 높아진다는 것

156

이다. 다시 말해 역할특성이 낮을수록 경력몰입이 높아진다
고 볼 수 있다. 따라서 가설 1-3은 채택되었다.

<표 4-13> 역할특성과 경력몰입 간의 관계에
대한 회귀분석

모 형	비표준화계수		표준화 계수	t	유의 확률	B에 대한 95% 신뢰구간	
	B	표준 오차	베타			하한값	상한값
1 (상수)	3.174	.366		8.680	.000	2.454	3.894
성별	6.984E-03	.125	.004	.056	.956	-.240	.254
학력	-1.5E-02	.073	-.012	-.202	.840	-.158	.129
연령	8.531E-02	.109	.072	.785	.433	-.129	.299
결혼여부	-.143	.150	-.076	-9.55	.341	-.439	.152
근속기간	-2.4E-02	.049	-.045	-.494	.621	-.120	.072
R^2=.009 F=.432 유의확률=.826							
2 (상수)	3.732	.412		8.373	.000	2.640	4.264
성별	1.075E-02	.125	.006	.086	.932	-.235	.257
학력	-1.9E-02	.073	-.016	-.266	.791	-.163	.124
연령	8.037E-02	.109	.068	.741	.460	-.133	.294
결혼여부	-.172	.151	-.092	-1.136	.257	-.469	.126
근속기간	-1.1E-02	.050	-.202	-.214	.831	-.108	.087
역할특성	-.163	.071	-.148	-2.303	.022	-.302	-.024
R^2=.029 F=1.250 유의확률=.022							

4) 가설 1-4의 검증

가설 1-4는 사회적 지원특성과 경력몰입 간의 관계를 검
증하는 것으로 인구통계적 특성을 통제변수로 하고 사회적

지원(상사의 지원, 동료의 지원, 조직의 지원)을 독립변수로 하고 경력몰입을 종속변수로 하여 다중회귀분석을 실시하였다. 분석결과 <표 4-14>과 같이 나타났다. 먼저 기여율인 R^2는 .098로 나타났는데 이는 경력몰입의 총분산 가운데 9.8%를 설명하는 것이며 회귀식에 대한 F값이 3.622로서 유의수준(p<.05)에서 통계적으로 유의한 결과를 보여주고 있다. 그리고 통제변수민이 회귀식에 들어갔을 때의 R^2는 .006이였는데 사회적 지원이 회귀식에 포함됨으로서 경력몰입의 분산에 대한 설명력이 8.8%가 증가하였다.

사회적 지원의 각 변수들에 대한 유의성을 살펴보면 조직의 지원만이 경력몰입에 대해 통계적으로 유의하게 나타났으며 상사의 지원 및 동료의 지원은 통계적으로 유의하지 않게 나타났다.

구체적으로 살펴보면 조직의 지원은 경력몰입에 대해 정(+)의 방향으로 영향을 미쳤으며 조직의 지원 회귀계수에 대한 t값은 5.145로서 .05의 수준에서 유의하였다. 또한 회귀식(종속변수=상수의 B값+독립변수의 B값 * 독립변수)을 이용하여 검증하여 보면 "경력몰입=0.541+0.436 * 조직의 지원" 즉, 조직의 지원이 1단위 올라가면 95%의 신뢰수준에서 경력몰입은 .269에서 .602로 증가한다. 이는 곧 조직의 지원에 대해 높게 지각하면 경력몰입이 높아진다는 것을 증명하는 것이다.

158

<표 4-14> 사회적 지원과 경력몰입 간의 관계에
대한 회귀분석

| 모 형 | 비표준화계수 | | 표준화 계수 | t | 유의 확률 | B에 대한 95% 신뢰구간 | |
	B	표준 오차	베타			하한값	상한값
1 (상수)	3.174	.366		8.680	.000	2.454	3.894
성별	6.984E-03	.125	.004	.056	.956	-.240	.254
학력	-1.5E-02	.073	-.012	-.202	.840	-.158	.129
연령	8.531E-02	.109	.072	.785	.433	-.129	.299
결혼여부	-.143	.150	-.076	-9.55	.341	-.439	.152
근속기간	-2.4E-02	.049	-.045	-.494	.621	-.120	.072
R^2=.006 F=.339 유의확률=.889							
2 (상수)	2.122	.541		3.921	.000	1.057	3.188
성별	6.208E-02	.123	0.33	.505	.614	-.180	.304
학력	-2.1E-02	.070	-.018	-.304	.762	-.160	.117
연령	9.398E-03	.106	.008	.089	.929	-.199	.218
결혼여부	-8.2E-02	.145	-.044	-.561	.575	-.368	.205
근속기간	-2.8E-02	.047	-.051	-.591	.555	-.120	.065
상사의 지원	-7.0E-02	.088	-.052	-.801	.424	-.242	.102
동료의 지원	3.605E-03	.090	.003	.040	.968	-.173	.180
조직의 지원	.436	.085	.319	5.145	.000	.269	.602
R^2=.098 F=3.622 유의확률=.001							

이는 Cherniss(1991), Waterman, Waterman & Collard (1994), 이기은·박경규(2002)의 연구결과와 일치하며 조직지원이라는 것이 조직이 조직구성원의 개인에 대하여 애착을 갖고 조직구성원의 복지를 위해 노력하는 것을 의미하므로 지원적인 조직분위기에서 종사원은 격려받을 수 있으며 또한 종사원이 자신의 능력을 평가하고 향상시키게 도와줌으로서 노동시장에서 경쟁력을 유지하도록 도와줄 수

있기 때문이다. 따라서 조직의 지원을 높게 지각한 사람일수록 경력몰입이 높게 나타나는 것으로 사료된다.

하지만 상사의 지원 및 동료의 지원의 경우 회귀계수에 대한 t값은 각각 .424와 .969로서 유의수준 .05수준에서 유의하지 않았다. 이는 <표 4-10>의 상관관계분석의 결과에서 보여 지는 것처럼 상사의 지원과 동료의 지원이 각각(r =.023, r=.050) 나타나 경력몰입과 통계적으로 유의한 차이가 없는 것으로 나타났으며 이는 호텔기업의 경우 상사나 동료의 지원보다는 조직의 지원이 경력몰입을 높이는데 가장 중요한 변수라고 볼 수 있다.

따라서 가설 1-4-3은 채택되고 가설 1-4-1과 가설 1-4-2는 기각되었다.

4) 가설 1-5의 검증

가설 1-5는 경력특성과 경력몰입 간의 관계를 검증하는 것으로 인구통계적 특성을 통제변수로 하고 경력특성(경력계획, 경력만족, 현 직무의 기대된 효용성, 성장기회)을 독립변수로 하고 경력몰입을 종속변수로 하여 다중회귀분석을 실시하였다. 분석결과 <표 4-15>과 같이 나타났다. 먼저 기여율인 R^2는 .197로 나타났는데 이는 경력몰입의 총분산 가운데 19.7%를 설명하는 것이며 회귀식에 대한 F값이 8.508로서 유의수준(p<.05)에서 통계적으로 유의한 결과를 보여주고 있다. 그리고 통제변수만이 회귀식에 들어갔을 때의 R^2는 .006이였는데 경력특성이 회귀식에 포함됨으로서 경력몰

입의 분산에 대한 설명력이 19.1%가 증가하였다.

경력특성의 각 변수들에 대한 유의성을 살펴보면 모든 요인들이 경력몰입에 대해 통계적으로 유의하게 나타났다.

구체적으로 살펴보면 경력계획은 경력몰입에 대해 정(+)의 방향으로 영향을 미쳤으며 경력계획 회귀계수에 대한 t 값은 1.959로서 .05의 수준에서 유의하였다. 또한 회귀식(종속변수=상수의 B값+독립변수의 B값*독립변수)을 이용하여 검증하여 보면 "경력몰입=0.306+0.176*경력계획" 즉, 경력계획이 1단위 올라가면 95%의 신뢰수준에서 경력몰입은 -.001에서 .352로 증가한다. 이는 곧 경력계획이 수립된 사람일수록 경력몰입이 높아진다는 것을 증명하는 것이다.

이는 Gould(1979), Steffy & Jones(1988)의 연구결과와 일치하며 Hall & Foster(1977), Gould(1979)가 주장한 경력계획과정에 따르면 경력계획을 세우면 경력전략이 만들어지고 경력만족을 하게 되고 자기존중감, 경력몰입의 순환과정을 가진다고 한다. 이는 개인이 스스로 경력계획을 수립하고 강력한 경력희망을 가지고 있으면 경력관리에 성공을 거둘 가능성이 높아진다는 것이다. 따라서 경력계획이 수립된 사람일수록 경력몰입이 높아진다고 볼 수 있다.

또한 경력만족도 경력몰입에 대해 정(+)의 방향으로 영향을 미쳤으며 경력만족 회귀계수에 대한 t값은 4.172로서 .01의 수준에서 유의하였다. 또한 회귀식(종속변수=상수의 B값+독립변수의 B값*독립변수)을 이용하여 검증하여 보면 "경력몰입=0.306+0.347*경력만족" 즉, 경력만족이 1단위 올라가면 95%의 신뢰수준에서 경력몰입은 .183에서 .510으로 증가한다.

이는 곧 경력만족이 높을수록 경력몰입이 높아진다는 것을 증명하는 것이다.

이는 Aryee & Tan(1992), Aryee, Chay & Chew(1994), 이기은(2000), 이기은 & 박경규(2002), 고현철(2004)의 연구결과와 일치하며 경력만족이란 개인의 삶에서 선택하고 결정한 경력 또는 가질 수 있는 경력기회나 발전 가능성 및 이러한 경력 생활을 뒷받침히는 자신의 시식과 능력에 대한 태도로 자신의 경력에 대해 만족한다는 것은 개인이 자신이 유능하며 경력역할에서 성공적 이었다고 지각하는 정도이다. 따라서 경력에 대한 만족한 사람일수록 경력몰입이 높게 나타나는 것으로 사료된다.

현 직무의 기대된 효율성도 경력몰입에 대해 정(+)의 방향으로 영향을 미쳤는데 현 직무의 기대된 효율성 회귀계수에 대한 t값은 4.272로서 .01의 수준에서 유의하였다. 또한 회귀식(종속변수＝상수의 B값＋독립변수의 B값＊독립변수)을 이용하여 검증하여 보면 "경력몰입＝0.306＋0.355＊현 직무의 기대된 효율성" 즉, 현 직무의 기대된 효율성이 1단위 올라가면 95%의 신뢰수준에서 경력몰입은 .140에서 .807로 증가한다. 이는 곧 현 직무의 기대된 효율성이 높을수록 경력몰입이 높아진다는 것을 증명하는 것이다.

이는 Bedeian & Kemery, Pizzolatto(1991), 이기은(2000), 이기은·박경규(2002), Aryee, Chay & Chew(1994)의 연구결과와 일치하며 현재 담당하는 업무를 성공적으로 수행했을 경우 미래에 원하는 목표 또는 결과를 얻을 수 있다고 여기어 현재의 경력에 더 몰입하게 되고 이를 통해 자신의 분야에서 인정받고자 하는 욕구가 충족되기 때문이다. 따라서 현 직무의 기대된 효율성이 높을수록 경력몰입이 높게 나타나는 것으로 사료된다.

성장기회도 경력몰입에 대해 정(+)의 방향으로 영향을 미쳤는데 성장기회 회귀계수에 대한 t값은 3.468로서 .01의 수준에서 유의하였다. 또한 회귀식(종속변수＝상수의 B값＋독립변수의 B값 * 독립변수)을 이용하여 검증하여 보면 "경력몰입＝0.306＋0.303 * 성장기회" 즉, 성장기회가 1단위 올라가면 95%의 신뢰수준에서 경력몰입은 .131에서 .474로 증가한다. 이는 곧 성장기회가 많을수록 경력몰입이 높아진다는 것을 증명하는 것이다.

이는 Aryee & Tan(1992), 이기은(2000), 이기은 & 박경규(2002)의 연구결과와 일치하며 조직의 진부화를 피하고 조직구성원 개개인의 자기개발과 경쟁에서 우위 및 성장을 위해서는 최신의 지식과 기술을 지속적으로 습득하는 것이 중요한데 조직 내에서 이러한 기회가 제공된다면 자신의 분야에서 추구하는 바를 이룰 수 있기 때문에 경력에 더욱 몰입하게 된다. 따라서 성장기회가 많다고 지각한 사람일수록 경력몰입이 높게 나타나는 것으로 사료된다.

따라서 가설 1-5는 모두 채택하였다.

<표 4-15> 경력특성과 경력몰입 간의 관계에
대한 회귀분석

모형	비표준화계수		표준화 계수	t	유의 확률	B에 대한 95% 신뢰구간	
	B	표준 오차	베타			하한값	상한값
1 (상수)	3.174	.366		8.680	.000	2.454	3.894
성별	6.984E-03	.125	.004	.056	.956	-.240	.254
학력	-1.5E-02	.073	-.012	-.202	.840	-.158	.129
연령	8.531E-02	.109	.072	.785	.433	-.129	.299
결혼여부	-.143	.150	-.076	-9.55	.341	-.439	.152
근속기간	-2.4E-02	.049	-.045	-.494	.621	-.120	.072

$R^2 = .006$ F $= .339$ 유의확률 $= .889$

모형	비표준화계수		표준화 계수	t	유의 확률	B에 대한 95% 신뢰구간	
2 (상수)	.306	.513		.597	.551	-.703	1.316
성별	.183	.117	.096	1.562	.119	-.047	.413
학력	-8.8E-02	.067	-.075	-1.323	.187	-.220	.043
연령	-2.1E-02	.099	-.018	-.214	.831	-.217	.174
결혼여부	-6.2E-02	.135	-.033	-.463	.644	-.328	.203
근속기간	1.797E-02	.047	.033	.386	.700	-.074	.110
경력계획	.176	.090	.128	1.959	.050	-.001	.352
경력만족	.347	.083	.265	4.172	.000	.183	.510
기대효율	.355	.088	.269	4.272	.000	.140	.807
성장기회	.303	.087	.227	3.468	.001	.131	.474

$R^2 = .197$ F $= 8.508$ 유의확률 $= .000$

2. 경력몰입과 직무성과·경력변경의도·이직 의도의 관계에 관한 가설검증

가설 2는 경력몰입과 직무성과, 경력변경의도, 이직의도 간의 관계를 검증하는 것으로 단순회귀분석을 이용하여 분석하였다.

1) 가설 2-1의 검증

가설 2-1은 경력몰입과 경력변경의도 간의 관계를 검증하는 것으로 인구통계적 특성을 통제변수로 하고 경력몰입을 독립변수로 하고 경력변경의도를 종속변수로 하여 단순회귀분석을 실시하였다. 분석결과 <표 4-16>과 같이 나타났다. 먼저 기여율인 R^2는 .202로 나타났는데 이는 경력변경의도의 총분산 가운데 20.2%를 설명하는 것이며 회귀식에 대한 F값이 11.367로서 유의수준(p<.01)에서 통계적으로 유의한 결과를 보여주고 있다. 그리고 통제변수만이 회귀식에 들어갔을 때의 R^2는 .023이였는데 경력몰입이 회귀식에 포함됨으로서 경력변경의도의 분산에 대한 설명력이 17.9%가 증가하였다.

경력몰입에 대한 유의성을 살펴보면 경력몰입은 경력변경의도에 대해 통계적으로 유의하게 나타났다. 구체적으로 살펴보면 경력몰입은 경력변경의도에 대해 음(−)의 방향으로 영향을 미쳤으며 경력몰입 회귀계수에 대한 t값은 −7.763으로서 유의수준 .01에서 유의하였다. 또한 회귀식(종속변수＝상수의 B값＋독립변수의 B값 * 독립변수)을 이용하여 검증하여 보면 "경력변경의도＝4.229＋(−0.469) * 경력몰입" 즉, 경력몰입이 1단위 올라가면 95%의 신뢰수준에서 경력변경의도는 −.588에서 −.350으로 낮아진다. 따라서 경력몰입이 높으면 경력변경의도가 낮아진다는 것을 증명하는 것이다.

이는 Morrow(1983), Wiener & Vardi(1980), Blau(1985, 1988,

1989), Carson & Bedeian(1994), Carson & Bedeian (1994), Aryee & Tan(1992), Morrow, Power & Lqbal(1993), Aryee, Chay & Chew(1994), 이기은(2000), 최윤아(2000), 고현철(2004)의 연구결과와 일치하며 몰입의 근속적인 측면과 정서적인 측면을 고려해 보았을 때 현재까지 쌓아왔던 경력을 포기하고 다른 분야에서 일을 하고자 한다면 자신의 경력 분야에서 쌓아왔던 노하우나 기술 등을 포기헤야 하며 사신의 경력에 대한 애착을 포기해야 하여야 한다. 따라서 경력몰입이 높을수록 경력변경의도가 낮다고 유추할 수 있다. 그러므로 가설 2-1은 채택되었다.

<표 4-16> 경력몰입과 경력변경의도 간의
관계에 대한 회귀분석

모　형	비표준화계수		표준화 계수	t	유의 확률	B에 대한 95% 신뢰구간	
	B	표준 오차	베타			하한값	상한값
1　(상수)	2.739	.402		6.820	.000	1.949	3.530
성별	-4.9E-03	.138	-.002	-.036	.972	-.276	.266
학력	9.058E-03	.080	.007	.113	.910	-.149	.167
연령	-.218	.119	-.167	-1.830	.068	-.453	.017
결혼여부	2.713E-02	.165	.013	.165	.869	-.297	.352
근속기간	.127	.054	.212	2.365	.019	.021	.233

R^2=.023　F=1.303　유의확률=.263

모　형	비표준화계수		표준화 계수	t	유의 확률	B에 대한 95% 신뢰구간	
	B	표준 오차	베타			하한값	상한값
2　(상수)	4.229	.411		10.280	.000	3.419	5.038
성별	-1.6E-03	.125	-.001	-.013	.990	-.247	.244
학력	2.147E-03	.073	.002	.030	.976	-.141	.145
연령	-.178	.108	-.136	-1.648	.101	-.391	.035
결혼여부	-4.0E-02	.150	-.019	-0.268	.789	-.334	.254
근속기간	.116	.049	.193	2.377	.018	.020	.211
경력몰입	-.469	.060	-.423	-7.763	.000	-.588	-.350

R^2=.202　F=11.367　유의확률=.000

2) 가설 2-2의 검증

가설 2-2는 경력몰입과 이직의도 간의 관계를 검증하는 것으로 인구통계적 특성을 통제변수로 하고 경력몰입을 독립변수로 하고 이직의도를 종속변수로 하여 단순회귀분석을 실시하였다. 분석결과 <표 4-17>과 같이 나타났다. 먼저 기여율인 R^2는 .129로 나타났는데 이는 이직의도의 총분산 가운데 12.9%를 설명하는 것이며 회귀식에 대한 F값이 6.671로서 유의수준(p<.01)에서 통계적으로 유의한 결과를 보여주고 있다. 그리고 통제변수만이 회귀식에 들어갔을 때의 R^2는 .086이였는데 경력몰입이 회귀식에 포함됨으로서 이직의도의 분산에 대한 설명력이 4.3%가 증가하였다.

경력몰입에 대한 유의성을 살펴보면 경력몰입은 이직의도에 대해 통계적으로 유의하게 나타났다. 구체적으로 살펴보면 경력몰입은 이직의도에 대해 음(−)의 방향으로 영향을 미쳤으며 경력몰입 회귀계수에 대한 t값은 -3.669로서 유의수준 .01에서 유의하였다. 또한 회귀식(종속변수=상수의 B값+독립변수의 B값 * 독립변수)을 이용하여 검증하여 보면 "이직의도=3.526+(-0.198) * 경력몰입" 즉, 경력몰입이 1단위 올라가면 95%의 신뢰수준에서 이직의도는 -.305에서 -.092로 낮아진다. 따라서 경력몰입이 높으면 이직의도가 낮아진다는 것을 증명하는 것이다.

일반적으로 이직의도는 조직몰입과 관련된 변수로 이용되어 왔으나 Blau(1988,1989), Darden et al.(1989), McGinnis & Morrow(1990), Aryee & Tan(1992), Carson & Bedeian (1994),

이기은(2000), 이성만(2000)의 연구에서 경력몰입의 수준이 이직의도를 예측하는 척도로서 이용 가능하다는 것을 제시하였으며 일반적으로 경력몰입이 높으면 자신의 분야에 대해 소명의식을 가지고 열심히 노력을 하기 때문에 자신의 위치에 대해 만족을 하며 이직을 고려하지 않는다는 것이다. 따라서 경력몰입이 높을수록 이직의도가 낮다고 유추해 볼 수 있다. 그러므로 가설 2-2는 채택되었다.

<표 4-17> 경력몰입과 이직의도 간의 관계에
대한 회귀분석

모 형	비표준화계수		표준화 계수	t	유의 확률	B에 대한 95% 신뢰구간	
	B	표준오차	베타			하한값	상한값
1 (상수)	2.896	.333		8.696	.000	2.240	3.552
성별	-7.2E-02	.114	-.040	-.632	.528	-.297	.152
학력	.271	.066	.241	4.083	.000	.140	.402
연령	-.151	.099	-.135	-1.529	.127	-.346	.044
결혼여부	-.156	.137	-.088	-1.145	.253	-.425	.113
근속기간	5.130E-03	.045	.010	.115	.908	-.083	.093

$R^2=.086$ F=5.079 유의확률=.000

모 형	비표준화계수		표준화 계수	t	유의 확률	B에 대한 95% 신뢰구간	
2 (상수)	3.526	.368		9.578	.000	2.801	4.251
성별	-7.1E-02	.112	-.039	-.634	.526	-.290	.149
학력	.268	.065	.239	4.131	.000	.140	.396
연령	-.134	.097	-.120	-1.387	.167	-.325	.056
결혼여부	-.185	.134	-.104	-1.381	.168	-.448	.079
근속기간	3.322E-04	.044	.001	.008	.994	-.085	.086
경력몰입	-.198	.054	-.209	-3.669	.000	-.305	-.092

$R^2=.129$ F=6.671 유의확률=.000

3) 가설 3-3의 검증

가설 3-3은 경력몰입과 직무성과 간의 관계를 검증하는 것으로 인구통계적 특성을 통제변수로 하고 경력몰입을 독립변수로 하고 직무성과를 종속변수로 하여 단순회귀분석을 실시하였다. 분석결과 <표 4-18>과 같이 나타났다. 먼저 기여율인 R^2는 .105로 나타났는데 이는 직무성과의 총분산 가운데 10.5%를 설명하는 것이며 회귀식에 대한 F값이 5.283으로서 유의수준($p<.05$)에서 통계적으로 유의한 결과를 보여주고 있다. 그리고 통제변수만이 회귀식에 들어갔을 때의 R^2는 .075이었는데 경력몰입이 회귀식에 포함됨으로서 직무성과의 분산에 대한 설명력이 3%가 증가하였다.

경력몰입에 대한 유의성을 살펴보면 경력몰입은 직무성과에 대해 통계적으로 유의하게 나타났다. 구체적으로 살펴보면 경력몰입은 직무성과에 대해 정(+)의 방향으로 영향을 미쳤으며 경력몰입 회귀계수에 대한 t값은 2.996으로서 .01의 수준에서 유의하였다. 또한 회귀식(종속변수=상수의 B값+독립변수의 B값 * 독립변수)을 이용하여 검증하여 보면 "직무성과=3.452+0.105 * 경력몰입" 즉, 경력몰입이 1단위 올라가면 95%의 신뢰수준에서 직무성과는 .036에서 .174로 증가한다. 따라서 경력몰입이 높으면 직무성과가 높다는 것을 증명하는 것이다.

이는 Berger & Grimes(1973), Tuma & Grimes(1981), Cornwall & Grimes(1987), Darden, Hampton & Howell(1989), Somers & Birnbaum(1998)이성만(2000)의 연구결과

와 일치하며 Kaldenberg, Becker & Zvonkovic(1995)에 의하
면 경력몰입은 조직몰입과 마찬가지로 작업결과와 관련되기
쉽다고 주장하고 높은 몰입수준을 보이는 사람들이 보다 많
은 시간을 소비하고 생산적일 것이라고 기대할 수 있다고 하
였다. 이는 호텔기업의 종사원인 경우 경력몰입이 높으면 고
객지향성, 즉 서비스제공 시 종사원의 태도와 행동이 높아져
이는 곧 고객만족으로 이어진디고 볼 수 있다. 따라서 가설
3-3은 채택되었다.

<표 4-18> 경력몰입과 직무성과 간의 관계에
대한 회귀분석

모형		비표준화계수		표준화 계수	t	유의 확률	B에 대한 95% 신뢰구간	
		B	표준오차	베타			하한값	상한값
1	(상수)	3.785	.214		17.666	.000	3.363	4.207
	성별	-.204	.073	-.177	-2.780	.006	-.349	-.060
	학력	7.540E-02	.043	.105	1.764	.079	-.009	.160
	연령	.103	.064	.143	1.611	.108	-.023	.228
	결혼여부	4.481E-02	.088	.039	.510	.611	-.128	.218
	근속기간	-2.9E-02	.029	-.088	-1.011	.313	-.085	.027
R^2=.075 F=4.414 유의확률=.001								
2	(상수)	3.452	.239		14.458	.000	2.982	3.922
	성별	-.205	.072	-.178	-2.831	.005	-.347	-.062
	학력	7.695E-02	.042	.107	1.827	.069	-.006	.160
	연령	9.356E-02	.063	.130	1.489	.138	-.030	.217
	결혼여부	5.987E-02	.087	.053	.690	.491	-.111	.231
	근속기간	-2.6E-02	.028	-.081	-.935	.351	-.082	.029
	경력몰입	.105	.035	.173	2.996	.003	.036	.174
R^2=.105 F=5.283 유의확률=.000								

3. 개인·직무·역할·사회적 지원·경력특성과 직무성과·경력변경의도·이직의도의 관계에 관한 가설검증(경력몰입의 매개효과)

개인·직무·역할·사회적 지원·경력특성과 직무성과·경력변경의도·이직의도의 관계에 관한 가설검증위해 독립변수로 경력몰입의 선행변수와 종속변수로 경력몰입의 결과변수를 그리고 매개변수로 경력몰입을 투입하여 가설 3을 검증하고자 한다.

매개효과에 관한 가설을 검증하기 위해서는 세 가지 조건이 충족되어야 한다. 아래 <표 4-19>에서 제시된 조건들이 충족되면 종속변수에 대한 독립변수의 영향력은 회귀식 ②에서보다는 회귀식 ③에서 더 작아진다($\beta2 > \beta3$). 회귀식 ③에서 매개변수가 투입되어 종속변수(Y)에 대한 독립변수(X1)의 영향력이 더 이상 통계적으로 유의하지 않다면 이는 잠정적인 매개변수(X2)가 독립변수와 종속변수의 관계를 매개하는 것으로 볼 수 있다. 그러나 통계적 유의성이 매개가설 검증을 위한 필수조건이긴 하지만 충분조건으로 볼 수는 없다.

<표 4-19> 매개효과에 관한 가설 검증의 조건[170]

회귀식	조　건
① $X2 = a1 + \beta1X1$	회귀식 ①에서 독립변수가 매개변수에 통계적으로 유의한 영향을 미쳐야 한다. 즉, $\beta1$이 유의해야 한다.
② $Y = a2 + \beta2X1$	회귀식 ②에서 독립변수가 종속변수에 통계적으로 유의한 영향을 미쳐야 한다. 즉, $\beta2$가 유의해야 한다.
③ $Y = a3 + \beta3X1 + \beta4X2$	회귀식 ③에서 매개변수가 종속변수에 통계적으로 유의한 영향을 미쳐야 한다. 즉, $\beta4$가 유의해야 한다.

주) X1: 독립변수, X2: 잠정적인 매개변수, Y: 종속변수, a: 상수, β: 표준화된 회귀계수
　　β1: 회귀식에서 종속변수를 경력몰입으로 했을 때 독립변수의 표준화 회귀계수
　　β2: 회귀식에서 종속변수에 대한 독립변수의 표준화 회귀계수
　　β3: 독립변수를 경력몰입과 해당 독립변수를 포함시켰을 때, 해당 독립변수의 표준화 회귀계수
　　β4: 독립변수를 경력몰입과 해당 독립변수를 포함시켰을 때, 경력몰입의 표준화 회귀계수

1) 가설 3-1의 검증

개인특성이 경력몰입을 통해 경력몰입의 결과변수(직무성과, 경력변경의도, 이직의도)에 영향을 미치는지를 검증하기 위해 매개회귀분석을 실시하였다. 매개효과를 검증한 결과

---

170) Baron, R. M. & Kenny, D. A.(1986), "The Moderator-mediator Variable Distinction in Social Psychological Research", *Journal of Personality and Social Psychology*, Vol 51, No.6, p.1177.

<표 4-20>, <표 4-21>과 같이 나타났다. 이는 개인특성 중 자아존중에 대해서는 고객지향성에 미치는 영향에 대해 경력몰입을 매개로 인해 매개효과를 보였다. 하지만, 성장욕구, 통제위치와 경력몰입이 조직구성원에 미치는 매개효과와 자아존중감이 경력변경과 이직의도에 미치는 매개효과는 나타나지 않았다. 즉, 자아존중감이 높더라도 경력몰입이 이루어지지 않는다면 고객지향성을 기대할 수 없는 것이다. 따라서 경력몰입은 자아존중감을 설명하는데 있어서 핵심적인 요소라 할 수 있다. 따라서 가설 3-1은 부분적으로 채택되었다.

<표 4-20 > 개인특성과 직무성과, 경력변경, 이직의도의 관계에서 경력몰입의 매개효과

독립변수	종 속 변 수						
	고객지향	매개조건충족 1 2 3 4	경력변경	매개조건충족 1 2 3 4	이직의도	매개조건충족 1 2 3 4
성장욕구						
1단계(β1)	β=.330**	O	β=.330**	O	β=.330**	O
2단계(β2)	β=.535**	O	β=-.016	X	β=.001	X
3단계(β3: 독립)	β=.520**	O	β=.146**	O	β=.068**	O
3단계(β4: 매개)	β=.044	X	β=-.491***	O	β=-.204***	O
통제위치						
1단계(β1)	β=.067	X	β=.067	X	β=.067	X
2단계(β2)	β=.093*	O	β=-.030	X	β=.034	X
3단계(β3: 독립)	β=.087**	O	β=.002**	O	β=.047**	O
3단계(β4: 매개)	β=.097**	O	β=-.475***	O	β=-.199***	O
자아존중						
1단계(β1)	β=.252*	O	β=.252*	O	β=.252*	O
2단계(β2)	β=.365***	O	β=.002	X	β=.110	X
3단계(β3: 독립)	β=.347***	O	β=.120**	O	β=.163**	O
3단계(β4: 매개)	β=.070*	O	β=-.486***	O	β=-.211***	O

*p<.05 **p<.01 ***p<.001

<그림 없음>

<표 4-21> 매개회귀분석결과의 요약

독립 변수	종 속 변 수								
	고객지향			경력변경			이직의도		
	경력 몰입의 매개를 통한 관계	직접적 관계	경력 몰입 매개 역할	경력 몰입의 매개를 통한 관계	직접적 관계	경력 몰입 매개 역할	경력 몰입의 매개를 통한 관계	직접적 관계	경력 몰입 매개 역할
성장 욕구	-	-	불완전	-	-	불완전	-	-	불완전
통제 위치	-	-	불완전	-	-	불완전	-	-	불완전
자아 존중	O	O	부분	-	-	불완전	-	-	불완전

또한 <그림 4-1>은 자아존중감과 고객지향의 관계에 있어서의 경력몰입의 매개효과를 검증한 결과를 나타내고 있다.

<그림 4-1> 자아존중감과 고객지향의 관계에서
경력몰입의 매개효과

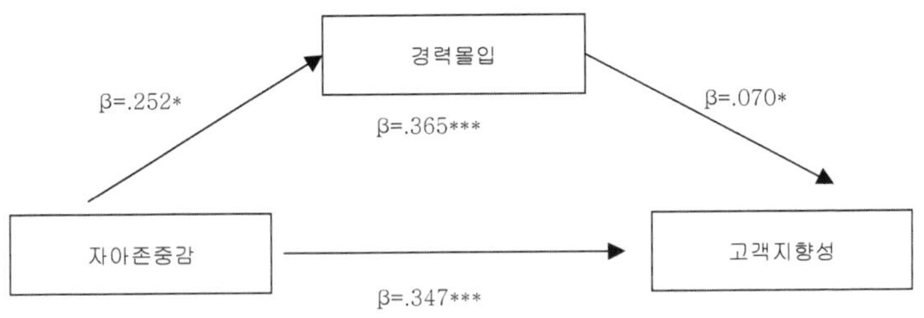

경력몰입을 종속변수로 한 회귀분석에서 자아존중감은 통계적으로 유의한 독립변수($\beta1 = .252$, p<.05)인 것으로 나

타나서 매개효과 검증을 위한 첫 번째 조건을 충족시키고 있다. 또한 고객지향을 종속변수로 한 Reduced 모형의 회귀분석에서 자아존중감은 긍정적으로 유의한 영향($\beta2=.365$, p<.001)을 미치는 것으로 나타나 두 번째 조건을 충족시키는 것으로 나타났다. 경력몰입을 추가하여 독립변수로 투입하고, 고객지향을 종속변수로 한 Full 모형에서 경력몰입은 고객지향에 대하여 동세석으로 유의한 영향력($\beta4=.070$, p<.05)을 갖는 것으로 나타나 세 번째 조건을 충족시키고 있다. 또한, 경력몰입을 추가하여 독립변수로 투입하고, 고객지향을 종속변수로 한 Full 모형에서 고객지향에 대한 자아존중감의 영향력($\beta3=.347$ p<.001)은 유의하게 나타났다.

이러한 조건들로 미루어 볼 때 자아존중감과 고객지향성과의 관계는 경력몰입에 의해 매개되는 것으로 볼 수 있다.

2) 가설 3-2의 검증

직무특성이 경력몰입을 통해 경력몰입의 결과변수(직무성과, 경력변경의도, 이직의도)에 영향을 미치는지를 검증하기 위해 매개회귀분석을 실시하였다. 매개효과를 검증한 결과 <표 4-22>, <표 4-23>와 같이 나타났다.

<표 4-22> 직무특성과 직무성과, 경력변경, 이직의도의 관계에서 경력몰입의 매개효과

독립변수	종속변수						
	고객지향	매개조건충족 1 2 3 4	경력변경	매개조건충족 1 2 3 4	이직의도	매개조건충족 1 2 3 4
직무적합						
1단계(β1)	β=.146**	○	β=.146**	○	β=.146**	○
2단계(β2)	β=.106***	○	β=-.076	X	β=.103*	○
3단계(β3: 독립)	β=.094**	○	β=-006**	○	β=-.135**	○
3단계(β4: 매개)	β=.084*	○	β=-.474***	○	β=-.220***	○
직무도전						
1단계(β1)	β=.267***	○	β=.267***	○	β=.267***	○
2단계(β2)	β=.239***	○	β=-.007.	X	β=.058	X
3단계(β3: 독립)	β=.221***	○	β=.125***	○	β=.015***	○
3단계(β4: 매개)	β=.068	X	β=-.494***	○	β=-.214***	○
직무자율						
1단계(β1)	β=.084	X	β=.084	X	β=.084	X
2단계(β2)	β=.122***	○	β=.020	X	β=-.001	X
3단계(β3: 독립)	β=.114**	○	β=.061**	○	β=.016**	○
3단계(β4: 매개)	β=.092*	○	β=-.490***	○	β=-.198***	○

*p<.05 **p<.01 ***p<.001

<표 4-23> 매개회귀분석결과의 요약

독립변수	종속변수								
	고객지향			경력변경			이직의도		
	경력몰입의 매개를 통한 관계	직접적 관계	경력몰입 매개역할	경력몰입의 매개를 통한 관계	직접적 관계	경력몰입 매개역할	경력몰입의 매개를 통한 관계	직접적 관계	경력몰입 매개역할
직무적합	O	O	부분	-	-	불완전	O	O	부분
직무도전	-	-	불완전	-	-	불완전	-	-	불완전
직무자율	-	-	불완전	-	-	불완전	-	-	불완전

  매개효과를 검증한 결과 직무특성 중 개인－직무적합성은 고객지향, 이직의도에 미치는 영향에서 경력몰입이 매개효과가 있는 것으로 나타났다, 하지만, 직무도전, 직무자율성과 경력몰입이 고객지향, 경력변경, 이직의도에 미치는 매개효과와 개인－직무적합성이 경력변경에 미치는 매개효과는 나타나지 않았다. 즉, 개인－직무적합성이 높더라도 경력몰입이 이루어지지 않는다면 고객지향성을 기대할 수 없으며 더불어 낮은 이직의도도 기대할 수 없다. 따라서 경력몰입은 개인－직무 적합성을 설명하는데 있어서 핵심적인 요소라 할 수 있으며 가설 3-2는 부분적으로 채택되었다.

  또한 <그림 4-2>는 개인－직무의 적합성과 고객지향, 이직의도의 관계에 있어서의 경력몰입의 매개효과를 검증한 결과를 나타내고 있다.

<그림 4-2> 개인－직무의 적합성과 고객지향,
이직의도의 관계에서 경력몰입의 매개효과

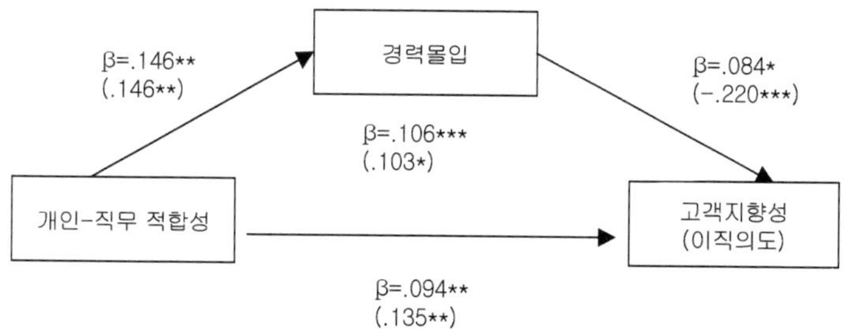

178

3) 가설 3-3의 검증

역할특성이 경력몰입을 통해 경력몰입의 결과변수(직무성과, 경력변경의도, 이직의도)에 영향을 미치는지를 검증하기 위해 매개회귀분석을 실시하였다. 매개효과를 검증한 결과 <표 4-24>, <표 4-25>와 같이 나타났다.

<표 4-24> 역할특성과 직무성과, 경력변경, 이직의도의 관계에서 경력몰입의 매개효과

독립변수	종 속 변 수					
	고객지향	매개조건충족 1 2 3 4	경력변경	매개조건충족 1 2 3 4	이직의도	매개조건충족 1 2 3 4
역할특성						
1단계(β1)	$\beta=-.148*$	0	$\beta=-.148*$	0	$\beta=-.148*$	0
2단계(β2)	$\beta=-.088*$	0	$\beta=.328***$	0	$\beta=.268***$	0
3단계(β3: 독립)	$\beta=-.079*$	0	$\beta=.284***$	0	$\beta=.251***$	0
3단계(β4: 매개)	$\beta=.095**$	0	$\beta=-.454***$	0	$\beta=-.178**$	0

*p<.05 **p<.01 ***p<.001

<표 4-25> 매개회귀분석결과의 요약

독립변수	종 속 변 수								
	고객지향			경력변경			이직의도		
	경력몰입의 매개를 통한 관계	직접적 관계	경력몰입 매개역할	경력몰입의 매개를 통한 관계	직접적 관계	경력몰입 매개역할	경력몰입의 매개를 통한 관계	직접적 관계	경력몰입 매개역할
역할특성	O	O	부분	O	O	부분	O	O	부분

매개효과를 검증한 결과 역할특성은 고객지향, 경력변경의도, 이직의도에 미치는 영향에서 경력몰입을 매개로 인해 매개효과를 보였다. 즉, 역할특성이 낮더라도 경력몰입이 이루어지지 않는다면 고객지향성을 기대할 수 없으며 더불어 낮은 이직의도와 경력변경의도도 기대할 수 없다. 따라서 경력몰입은 역할특성을 설명하는데 있어서 핵심적인 요소라 할 수 있으며 가설 3-3은 채택되었다.

또한 <그림 4-3>은 역할특성과 고객지향, 이직의도, 경력변경의도의 관계에 있어서의 경력몰입의 매개효과를 검증한 결과를 나타내고 있다.

<그림 4-3> 역할특성과 고객지향, 이직의도,
경력변경의도 관계에서 경력몰입의 매개효과

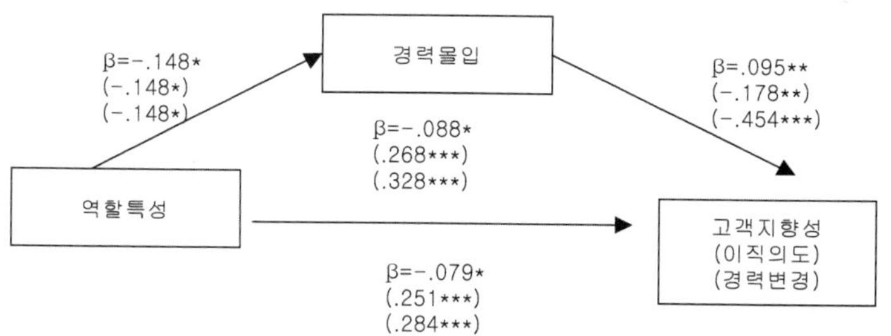

4) 가설 3-4의 검증

사회적 지원이 경력몰입을 통해 경력몰입의 결과변수(직무성과, 경력변경의도, 이직의도)에 영향을 미치는지를 검증하기 위해 매개회귀분석을 실시하였다. 매개효과를 검증한 결과 <표 4-26>, <표 4-27>와 같이 나타났다.

매개효과를 검증한 결과 사회적 지원은 고객지향성, 이직의도, 경력변경의도에 미치는 영향에서 경력몰입과 더불어 매개효과가 없는 것으로 나타났다.

따라서 가설 3-4는 기각되었다.

<표 4-26> 사회적 지원과 직무성과, 경력변경,
이직의도의 관계에서 경력몰입의 매개효과

독립변수	종 속 변 수					
	고객지향	매개조건충족 1 2 3 4	경력변경	매개조건충족 1 2 3 4	이직의도	매개조건충족 1 2 3 4
상사지원						
1단계(β1)	$\beta=.030$	X	$\beta=.030$	X	$\beta=.030$	X
2단계(β2)	$\beta=.253$***	O	$\beta=-.106$	X	$\beta=-.216$**	O
3단계(β3: 독립)	$\beta=.250$***	O	$\beta=-.091$***	O	$\beta=.-.210$**	O
3단계(β4: 매개)	$\beta=.097$**	O	$\beta=-.474$***	O	$\beta=-.193$**	O
동료지원						
1단계(β1)	$\beta=.068$	X	$\beta=.068$	X	$\beta=.068$	X
2단계(β2)	$\beta=.223$***	O	$\beta=.071$	X	$\beta=-.105$	X
3단계(β3: 독립)	$\beta=.217$***	O	$\beta=.104$***	O	$\beta=-092$***	O
3단계(β4: 매개)	$\beta=.093$**	O	$\beta=-.479$***	O	$\beta=-.193$***	O
조직지원						
1단계(β1)	$\beta=.397$***	O	$\beta=.397$***	O	$\beta=.397$***	O
2단계(β2)	$\beta=.170$***	O	$\beta=-.110$	X	$\beta=.031$	X
3단계(β3: 독립)	$\beta=.142$**	O	$\beta=.086$**	O	$\beta=.119$**	O
3단계(β4: 매개)	$\beta=.071$	X	$\beta=-.494$***	O	$\beta=-.222$***	O

*p<.05 **p<.01 ***p<.001

<표 4-27> 매개회귀분석결과의 요약

독립 변수	종 속 변 수								
	고객지향			경력변경			이직의도		
	경력 몰입의 매개를 통한 관계	직접적 관계	경력 몰입 매개 역할	경력 몰입의 매개를 통한 관계	직접적 관계	경력 몰입 매개 역할	경력 몰입의 매개를 통한 관계	직접적 관계	경력 몰입 매개 역할
상사 지원	-	-	불완전	-	-	불완전	-	-	불완전
동료 지원	-	-	불완전	-	-	불완전	-	-	불완전
조직 지원	-	-	불완전	-	-	불완전	-	-	불완전

5) 가설 3-5의 검증

경력특성이 경력몰입을 통해 경력몰입의 결과변수(직무성과, 경력변경의도, 이직의도)에 영향을 미치는지를 검증하기 위해 매개회귀분석을 실시하였다. 매개효과를 검증한 결과 <표 4-28>, <표 4-29>와 같이 나타났다.

<표 4-28> 경력특성과 직무성과, 경력변경,
이직의도의 관계에서 경력몰입의 매개효과

독립변수	종속변수					
	고객지향	매개조건충족 1 2 3 4	경력변경	매개조건충족 1 2 3 4	이직의도	매개조건충족 1 2 3 4
경력계획						
1단계(β1)	β=.279***	○	β=.279***	○	β=.279***	○
2단계(β2)	β=.368***	○	β=-.031	X	β=.207**	○
3단계(β3: 독립)	β=.354**	○	β=.106***	○	β=-.273***	○
3단계(β4: 매개)	β=.049	X	β=-.491***	○	β=-.237***	○
경력만족						
1단계(β1)	β=.509***	○	β=.509***	○	β=.509***	○
2단계(β2)	β=.079	X	β=-.208*	○	β=-.073	X
3단계(β3: 독립)	β=.032***	○	β=-.039***	○	β=.031***	○
3단계(β4: 매개)	β=.091*	○	β=-.487***	○	β=-.206***	○
효율성						
1단계(β1)	β=.331***	○	β=.331***	○	β=.331***	○
2단계(β2)	β=.254***	○	β=-.238**	○	β=.002	X
3단계(β3: 독립)	β=.237***	○	β=-.087***	○	β=.072***	○
3단계(β4: 매개)	β=.050	X	β=-.457***	○	β=-.212***	○
성장기회						
1단계(β1)	β=.483***	○	β=.483***	○	β=.483***	○
2단계(β2)	β=.127**	○	β=-.078	X	β=.108	X
3단계(β3: 독립)	β=.090***	○	β=.174*	○	β=.234**	○
3단계(β4: 매개)	β=.077*	○	β=-.523***	○	β=-.260***	○

*p<.05 **p<.01 ***p<.001

<표 4-29> 매개회귀분석결과의 요약

독립변수	종속변수								
	고객지향			경력변경			이직의도		
	경력몰입의 매개를 통한 관계	직접적 관계	경력몰입 매개역할	경력몰입의 매개를 통한 관계	직접적 관계	경력몰입 매개역할	경력몰입의 매개를 통한 관계	직접적 관계	경력몰입 매개역할
경력계획	-	-	불완전	-	-	불완전	O	O	부분
경력만족	-	-	불완전	O	O	부분	-	-	불완전
효율성	-	-	불완전	O	O	부분	-	-	불완전
성장기회	O	O	부분	-	-	불완전	-	-	불완전

  매개효과를 검증한 결과 경력특성 중 경력계획은 이직의도에 미치는 영향에서 경력몰입이 매개효과가 있는 것으로 나타났고 경력만족은 경력변경에 미치는 영향에서 경력몰입이 매개효과가 있는 것으로 나타났다. 그리고 현 직무의 기대된 효율성은 경력변경에 대해서 경력몰입이 매개효과가 있는 것으로 나타났으며 성장기회는 고객지향성에 대해서 경력몰입이 매개효과가 있는 것으로 나타났다. 즉, 경력계획이 높더라도 경력몰입이 이루어지지 않는다면 낮은 이직의도를 기대할 수 없으며 경력만족이 높더라도 경력몰입이 이루어지지 않는다면 낮은 경력변경의도를 기대할 수 없으며 현 직무의 기대된 효율성이 높더라도 경력몰입이 이루어지지 않는다면 낮은 경력변경의도를 기대할 수 없으며 성장기회가 높더라도 경력몰입이 이루어지지 않는다면

고객지향성을 기대할 수 없다. 따라서 경력몰입은 경력계획, 경력만족, 현 직무의 기대된 효율성, 성장기회를 설명하는데 있어서 핵심적인 요소라 할 수 있다.

하지만 경력계획이 경력몰입과 고객지향, 경력변경의도에 미치는 매개효과와 경력만족이 경력몰입과 고객지향성, 이직의도에 미치는 매개효과, 현 직무의 기대된 효율성이 경력몰입과 더불어 고객지향성, 이직의도에 미치는 매개효과, 성장기회가 경력몰입과 경력변경의도, 이직의도에 미치는 매개효과는 나타나지 않았다. 따라서 가설 3-5는 부분적으로 채택되었다.

또한 <그림 4-4>에서 <그림 4-7>은 경력특성과 고객지향, 이직의도, 경력변경의도의 관계에 있어서의 경력몰입의 매개효과를 검증한 결과를 나타내고 있다.

<그림 4-4> 경력계획과 이직의도의 관계에서
경력몰입의 매개효과

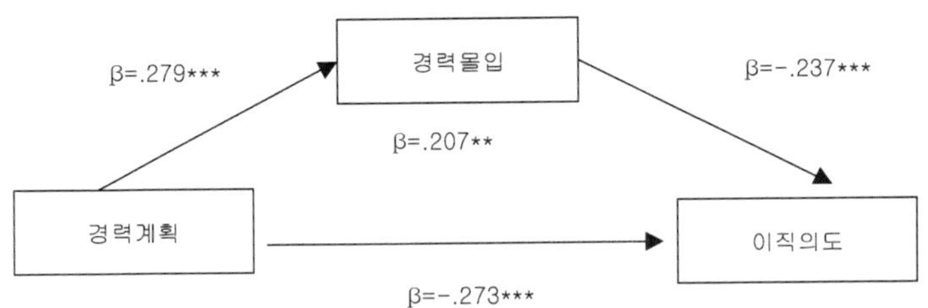

<그림 4-5> 경력만족과 경력변경의도의 관계에서
경력몰입의 매개효과

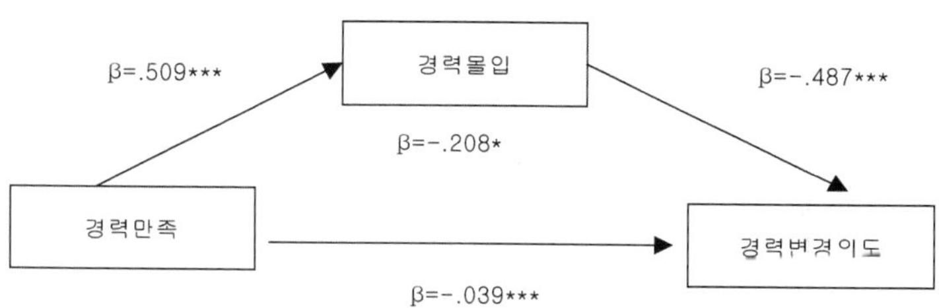

<그림 4-6> 현 직무의 기대된 효율성과
경력변경의도의 관계에서 경력몰입의 매개효과

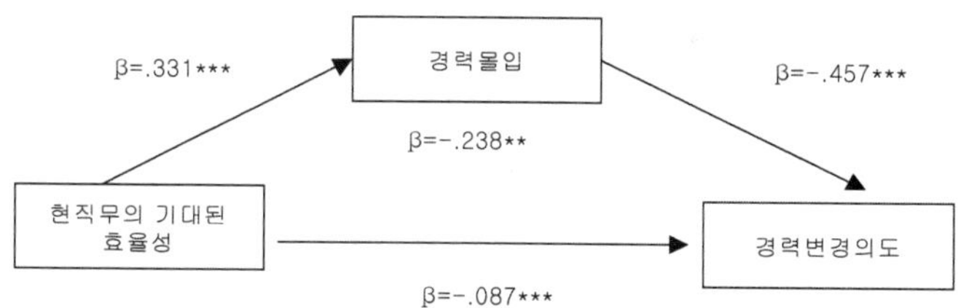

<그림 4-7> 성장기회와 고객지향성의 관계에서
경력몰입의 매개효과

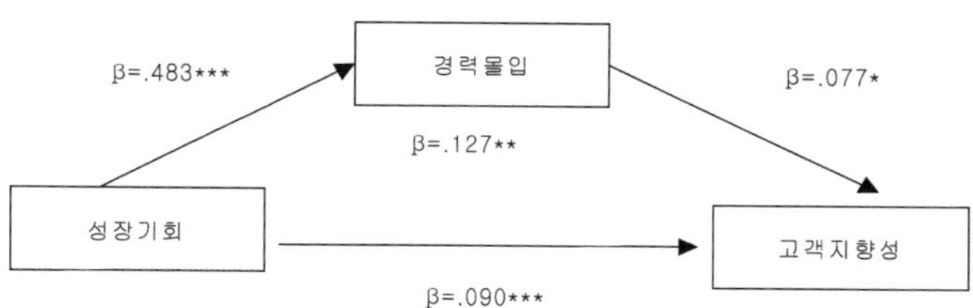

4. 고용형태의 역할에 관한 가설검증(고용형태의 조절효과)

고용형태에 따른 개인·직무·역할·사회적 지원·경력특성과 경력몰입의 관계를 검증하기 위해 독립변수로 개인·직무·역할·사회적 지원·경력특성과 종속변수로 경력몰입을 그리고 조절변수로 고용형태를 투입하여 가설 4를 검증하고자 한다.

이를 검증하기 위해서 먼저 독립변수들과 태도와의 관계를 보는 1차적인 회귀분석을 실시하였고. 그 결과에 고용형태라는 조절변수를 각각 추가하여 조절회귀분석(moderated regression analysis)을 실시하였다.

조절회귀분석은 먼저 조절변수 없이 회귀분석을 실시한 후 다음으로 조절변수를 포함하여 추가적인 회귀분석을 실시한다. 그리고 세 번째는 곱 모형으로 독립변수를 각각에 조절변수를 곱한 다음 항목을 추가하여 회귀분석을 실시한다. 곱 모형에서 상호작용항만 유의적이라면 순수조절변수라고 볼 수 있으며 상호작용과 조절변수가 둘 다 유의적이라면 유사조절변수이다. 또한 조절변수만 유의적이라면 이는 조절변수라기보다는 독립변수로 보아야 할 것이며 상호작용항과 둘 다 유의적이지 못하면 조절변수는 그다지 중요하지 않는 변수로 볼 수 있다.

또한 조절효과 검증을 하기에 앞서 고용형태에 따른 경력몰입의 차이가 어느 정도인지 보기 위해 T-검증을 수행하였고 그 결과 <표 4-31>과 같이 나타났다.

T-검증 결과 비정규직이 정규직보다 경력몰입을 높게 지각하는 것으로 나타났으며 이 차이는 유의수준 .05에서 유의한 것으로 나타났다.

이는 경력몰입이라는 것이 조직몰입과는 상반되는 것으로 자신이 현재 가지고 있는 직업과 관련된 분야에 대한 개인의 주관적이고 감정적인 애착으로 볼 수 있기 때문에 고용형태가 안정적인 정규직에 비해 불안정한 비정규직에서 자신이 살아남기 위해 경력목표를 세우고 더욱 자신의 개발에 매진하기 때문에 경력몰입이 더 높게 나타난 것으로 볼 수 있다.

<표 4-30> 고용형태에 따른 경력몰입의 t-test 결과

	표　본	평　균	표준편차	t	유의확률
정규직	202	2.9216	.9343	2.331	.020
비정규직	75	3.1937	.9141		

1) 가설 4-1의 검증

고용형태에 따라 개인특성이 경력몰입에 미치는 영향을 파악하기 위해 조절회귀분석을 실시하였다. 조절효과를 검증한 결과 <표 4-31>과 같이 나타났다.

조절변수로 가정된 고용형태는 개인특성이라는 독립변수와 고용형태의 조절변수의 t-값이 통계적으로 유의한 영향을 미치지 않는 것으로 분석되었다(p>.05). 따라서 가설

4-1은 기각되었다.

<표 4-31> 경력몰입 조절효과에 대한 조절회귀분석

모　형	비표준화 계수		표준화 계수	t	유의 확률
	B	표준오차	베타		
상수	.797	2.121		.376	.707
성장욕구	.478	.459	.274	1.041	.299
통제위치	.098	.309	.078	.318	.751
자아존중	.093	.433	.056	.216	.829
고용형태	.199	1.181	.095	.169	.866
성장욕구*고용형태	-.119	.255	-.271	-.468	.640
통제위치*고용형태	-.040	.174	-.089	-.229	.819
자아존중*고용형태	.039	.244	.082	.158	.874

$R^2 = 0.064$　F=2.607　p=0.013

2) 가설 4-2의 검증

고용형태에 따라 직무특성이 경력몰입에 미치는 영향을 파악하기 위해 조절회귀분석을 실시하였다. 조절효과를 검증한 결과 <표 4-32>과 같이 나타났다.

조절변수로 가정된 고용형태는 직무특성이라는 독립변수에서는 직무적합이 유의한 것으로 나타났으며(p<.05) 또한 상호작용항을 투입하였을 경우에도 유의한 것으로 나타났다.(p<.05) 따라서 고용형태는 유의수준 .05에서 개인-직무적합성과 경력몰입과의 관계에서 조절적 효과가 있는 것으로 볼 수 있다. 하지만 직무도전성, 직무자율성과 고용형태

의 조절변수의 t-값이 모두 통계적으로 유의한 영향을 미치지 않는 것으로 분석되었다(p>.05). 따라서 가설 4-2는 부분적으로 채택되었다.

<표 4-32> 경력몰입 조절효과에 대한 조절회귀분석

모 형	비표준화 계수		표준화계수	t	유의확률
	B	표준오차	베타		
상수	1.701	.961		1.770	.078
직무적합	-.265	.179	-.296	-1.479	.140
직무도전	.408	.283	.307	1.440	.151
직무자율	.136	.208	.138	.654	.514
고용형태	.260	.691	.130	.377	.707
직무적합*고용형태	.527	.265	.596	1.989	.048
직무도전*고용형태	-.439	.399	-.446	-1.099	.273
직무자율*고용형태	-.030	.306	-.054	-.205	.838

$R^2=0.065$ F=2.470 p=0.018

추가적으로 개인-직무 적합성과 경력몰입의 관계에서 고용형태의 조절효과 방향을 구체적으로 알아보기 위해 그래프를 작성하여 조절형태를 분석하였다. 표준회귀분석에서 개인-직무 적합성이 경력몰입에 주 효과를 주는 것으로 나타났고 조절회귀분석에 의하여 개인-직무의 적합성과 상호작용효과를 보이는 것으로 밝혀진 고용형태에 대해서는 그래프를 작성하여 조절효과를 분석하였다. 구체적으로 고용형태별로 개인-직무의 적합성을 독립변수로 경력몰입을 종속변수로 하는 단순회귀분석을 실시하였고 이러한 단순회귀분석으로부터 얻어진 회귀식을 이용하여 독립변수인 개인－직무의 적합성을 X축으로 종속변수인 경력몰입을 Y축으로 하는 그래프에 고용형태에 따라 분류된 두 집단의 회귀선을 그린 뒤 그 조절형태를 분석하였다. 분석결과는 <그림 4-8>과 같다. <그림 4-8>에서 보는 바와 같이 비정규직이 정규직에 비해 높은 경력몰입을 보이고 있으며 개인－직무의 적합성이 경력몰입에 미치는 영향도 비정규직에서 더 큰 것으로 나타났다.

이는 선행연구의 결과와 상이한 것인데 일반적으로 개인－직무의 적합성이란 개인의 능력과 직무 요건 간의 조화 또는 개인의 필요 또는 욕구와 직무가 제공하는 내·외적 보상 간의 조화로 정규직이 비정규직에 비해 높게 나타나야 하나 본 연구에서는 상반되게 나타났다. 이를 다른 측면에서 살펴보면 비정규직이 조직에서 인정받고 이를 토대로 개인의 능력에 따른 보상을 받기 위해서는 경력몰입을 통해서만이 가능하기 때문에 정규직에 비해 더 높게 지각하는 것으로 볼 수 있다.

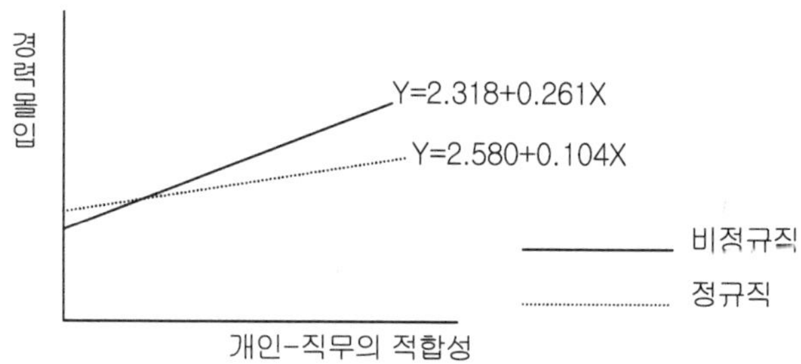

<그림 4-8> 개인-직무의 적합성과 경력몰입에 대한 고용형태의 조절효과

3) 가설 4-3의 검증

고용형태에 따라 역할특성이 경력몰입에 미치는 영향을 파악하기 위해 조절회귀분석을 실시하였다. 조절효과를 검증한 결과 <표 4-33>와 같이 나타났다. 조절변수로 가정된 고용형태는 역할특성이라는 독립변수와 고용형태의 조절변수의 t-값이 통계적으로 유의한 영향을 미치지 않는 것으로 분석되었다(p>.05). 따라서 가설 4-1은 기각되었다.

<표 4-33> 경력몰입 조절효과에 대한 조절회귀분석

모 형	비표준화 계수		표준화계수	t	유의확률
	B	표준오차	베타		
(Constant)	3.618	.772		4.686	.000
역할특성	-.070	.295	-.062	-.239	.812
고용형태	-.243	.434	-.116	-.560	.576
역할특성*고용형태	-.003	.163	-.006	-.016	.987

$R^2=0.021$ F$=1.948$ p$=0.122$

4) 가설 4-4의 검증

고용형태에 따라 사회적 지원이 경력몰입에 미치는 영향을 파악하기 위해 조절회귀분석을 실시하였다. 조절효과를 검증한 결과 <표 4-34>과 같이 나타났다. 조절변수로 가정된 고용형태는 사회적 지원이라는 독립변수에서 조직지원은 유의한 것으로 나타났으며(p<.01) 또한 상호작용항을 투입하였을 경우에도 유의한 것으로 나타났다.(p<.05) 따라서 고용형태는 유의수준 .05에서 조직지원과 경력몰입과의 관계에서 조절적 효과가 있는 것으로 볼 수 있다.

하지만 상사의 지원, 동료의 지원과 고용형태의 조절변수와 연결된 t-값은 통계적으로 유의한 영향을 미치지 않는 것으로 분석되었다(p>.05). 따라서 가설 4-4는 부분적으로 채택되었다.

<표 4-34> 경력몰입 조절효과에 대한 조절회귀분석

모 형	비표준화 계수		표준화계수	t	유의확률
	B	표준오차	베타		
상수	2.480	1.192		2.081	.038
상사지원	-.039	.270	.045	.221	.825
동료지원	.183	.260	.140	.706	.481
조직지원	-.220	.270	-.155	-.815	.416
고용형태	-.368	.840	-.184	-.438	.662
상사지원*고용형태	-.116	.365	-.123	-.317	.751
동료지원*고용형태	-.270	.356	-.287	-.758	.449
조직지원*고용형태	.882	.381	.771	2.315	.021

$R^2=0.096$ F=3.791 p=0.001

추가적으로 조직지원과 경력몰입의 관계에서 고용형태의 조절효과 방향을 구체적으로 알아보기 위해 그래프를 작성하여 조절형태를 분석하였다. 표준회귀분석에서 조직지원이 경력몰입에 주 효과를 주는 것으로 나타났고 조절회귀분석에 의하여 조직지원과 상호작용효과를 보이는 것으로 밝혀진 고용형태에 대해서는 그래프를 작성하여 조절효과를 분석하였다. 구체적으로 고용형태별로 조직지원을 독립변수로 경력몰입을 종속변수로 하는 단순회귀분석을 실시하였고 이러한 단순회귀분석으로부터 얻어진 회귀식을 이용하여 독립변수인 조직지원을 X축으로 종속변수인 경력몰입을 Y축으로 하는 그래프에 고용형태에 따라 분류된 두 집단의 회귀선을 그린 뒤 그 조절형태를 분석하였다. 분석결과는 <그림 4-9>와 같다. <그림 4-9>에서 보는바와 같이 비정규직이 정규직에 비해 높은 경력몰입을 보이고 있으며 조직지원이 경력몰입에 미치는 영향도 비정규직에서 더 큰 것으로 나타났다.

이는 비정규직의 경우 자신이 조직에서 살아남거나 정규직이 되기 위해서는 상사나 동료의 지원보다는 조직지원 부문이 가장 많은 영향을 미칠 수 있기 때문이며 또한 자신의 경력개발을 하는데 있어서도 조직의 지원이 가장 많은 영향을 미칠 수 있기 때문에 비정규직이 정규직에 비해 조직의 지원을 높게 지각할 경우 경력몰입이 높게 나타나는 것으로 볼 수 있다.

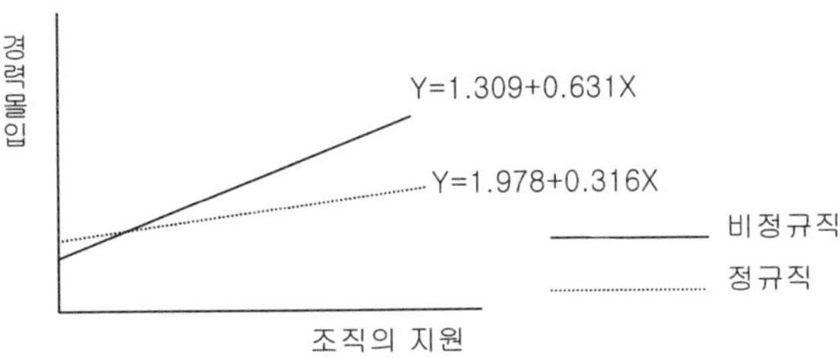

〈그림 4-9〉 조직지원과 경력몰입에 대한 고용형태의 조절효과

5) 가설 4-5의 검증

고용형태에 따라 경력특성이 경력몰입에 미치는 영향을 파악하기 위해 조절회귀분석을 실시하였다. 조절효과를 검증한 결과 〈표 4-35〉와 같이 나타났다.

조절변수로 가정된 고용형태는 경력특성이라는 독립변수와 고용형태의 조절변수에서의 t-값이 통계적으로 유의한 영향을 미치지 않는 것으로 분석되었다(p>.05). 따라서 가설 4-5는 기각되었다.

<표 4-35> 경력몰입 조절효과에 대한 조절회귀분석

모 형	비표준화 계수		표준화계수	t	유의 확률
	B	표준오차	베타		
상수	-.494	1.457		-.339	.735
경력계획	.206	.337	.150	.613	.540
경력만족	.475	.323	.363	1.468	.143
기대효율	.037	.314	.030	.117	.907
성장기회	.576	.316	.432	1.822	.070
고용형태	.559	.800	.266	.698	.486
경력계획*고용형태	-.044	.190	-.093	-.230	.818
경력만족*고용형태	-.050	.182	-.102	-.274	.784
기대효율*고용형태	-.019	.183	-.039	-.102	.919
성장기회*고용형태	-.169	.183	-.341	-.924	.356

$$R^2=0.234 \quad F=9.078 \quad p=0.000$$

지금까지 살펴본 가설검증 결과를 정리하면 다음 <표 4-36> 같다.

<표 4-36> 가설검증 결과 요약

	가 설	채택 여부
가설 1	개인특성, 직무특성, 역할특성, 사회적 지원, 경력특성은 경력몰입에 영향을 미칠 것이다.	
가설 1-1	개인특성은 경력몰입에 영향을 미칠 것이다.	
가설 1-1-1	성장욕구가 높을수록 경력몰입은 높게 나타날 것이다.	채택
가설 1-1-2	통제의 위치가 내적일수록 경력몰입은 높게 나타날 것이다.	기각
가설 1-1-3	자아존중감이 높을수록 경력몰입은 높게 나타날 것이다.	채택
가설 1-2	직무특성은 경력몰입에 영향을 미칠 것이다.	
가설 1-2-1	개인－직무의 적합도가 높을수록 경력몰입은 높게 나타날 것이다.	채택
가설 1-2-2	직무도전성이 높을수록 경력몰입은 높게 나타날 것이다.	채택
가설 1-2-3	직무자율성이 높을수록 경력몰입은 높게 나타날 것이다.	기각
가설 1-3	역할특성은 경력몰입에 영향을 미칠 것이다.	
가설 1-3-1	역할특성이 낮을수록 경력몰입은 높게 나타날 것이다.	채택
가설 1-4	사회적 지원은 경력몰입에 영향을 미칠 것이다.	
가설 1-4-1	상사의 지원에 대해 높게 지각할수록 경력몰입은 높게 나타날 것이다.	기각
가설 1-4-2	동료의 지원에 대해 높게 지각할수록 경력몰입은 높게 나타날 것이다.	기각
가설 1-4-3	조직의 지원에 대해 높게 지각할수록 경력몰입은 높게 나타날 것이다.	채택
가설 1-5	경력특성은 경력몰입에 영향을 미칠 것이다.	
가설 1-5-1	경력계획을 수립한 사람일수록 경력몰입은 높게 나타날 것이다.	채택
가설 1-5-2	경력만족이 높을수록 경력몰입은 높게 나타날 것이다	채택
가설 1-5-3	현 직무의 기대된 효용성이 높을수록 경력몰입은 높게 나타날 것이다.	채택
가설 1-5-4	성장기회가 많다고 지각할수록 경력몰입은 높게 나타날 것이다.	채택
가설 2	경력몰입은 직무성과, 경력변경의도, 이직의도에 영향을 미칠 것이다.	
가설 2-1	경력몰입이 높을수록 경력변경의도는 낮게 나타날 것이다.	채택
가설 2-2	경력몰입이 높을수록 이직의도는 낮게 나타날 것이다.	채택
가설 2-3	경력몰입이 높을수록 직무성과는 높게 나타날 것이다.	채택
가설 3	경력몰입의 선행변수는 경력몰입을 통해 경력몰입의 결과변수에 영향을 미칠 것이다.	
가설 3-1	개인특성은 경력몰입을 통해 직무성과, 경력변경의도, 이직의도에 영향을 미칠 것이다.	부분 채택
가설 3-2	직무특성은 경력몰입을 통해 직무성과, 경력변경의도, 이직의도에 영향을 미칠 것이다.	부분 채택
가설 3-3	역할특성은 경력몰입을 통해 직무성과, 경력변경의도, 이직의도에 영향을 미칠 것이다.	채택

	가 설	채택 여부
가설 3-4	사회적지원은 경력몰입을 통해 직무성과, 경력변경의도, 이직의도에 영향을 미칠 것이다.	기각
가설 3-5	경력특성은 경력몰입을 통해 직무성과, 경력변경의도, 이직의도에 영향을 미칠 것이다.	부분 채택
가설 4	개인특성, 직무특성, 역할특성, 사회적 지원, 경력특성이 경력몰입에 미치는 영향은 고용형태에 따라 다르게 나타날 것이다.	
가설 4-1	개인특성이 경력몰입에 미치는 영향은 고용형태에 따라 다르게 나타날 것이다.	기각
가설 4-2	직무특성이 경력몰입에 미치는 영향은 고용형태에 따라 다르게 나타날 것이다.	부분 채택
가설 4-3	역할특성이 경력몰입에 미치는 영향은 고용형태에 따라 다르게 나타날 것이다.	기각
가설 4-4	사회적 지원이 경력몰입에 미치는 영향은 고용형태에 따라 다르게 나타날 것이다.	부분 채택
가설 4-5	경력특성이 경력몰입에 미치는 영향은 고용형태에 따라 다르게 나타날 것이다.	기각

제5장 결 론

제1절 연구결과의 요약 및 시사점

1. 연구결과의 요약

1980년대 이전에는 평생직장의 개념하에서 경력개발이 이루어졌다. 그러나 21세기에는 고용환경의 변화 및 새로운 경영환경시대가 도래함에 따라 기업들은 탄력적인 인력관리시스템을 구축하기 위해 고용관계를 관계적 계약관계로부터 거래적 계약관계로 변경하고 있다. 따라서 조직구성원들은 과거와 같이 평생직장을 보장받기가 어려워졌다. 이에 따라 구성원의 조직몰입은 떨어지고 반면에 자신이 선택한 직업에서 일하고자하는 동기부여 정도로서 자신의 직종 또는 직업에 대한 일반적인 태도인 경력몰입이 상대적으로 높아짐에 따라 구성원 개인의 경력개발에 대한 기업조직의 관심은 새로운 차원으로 발전하고 있다. 또한 이런 경력에 몰입한다는 것은 많은 사람들의 일생에 경력을 발전시키고 개발해 나가는 과정에서 매우 의미 있는 개념이 될 수 있으며 조직의 입장에서는 최적수준의 이직률을 유지할 필요가 있는데 이때 경력몰입과 인력유지 간 연결성은 인적자원관리에 대한 중요한 시사점을 제공해 주기 때문이다. 대부분의 경력몰입에 대한 연구는 전문가 집단을 중심으로 연구가 한정되어 이루어져 왔으나 Blau(1985)가 경력몰입의 측정도구를 개발한 이후 다양한 분야에 대한 연구가 이루어져 왔다. 하지만 호텔기업 같은 서비스 기업에 종사하는 종사원을 대상으로 하는 연구는 없었다.

따라서 본 연구에서는 호텔기업에 종사하는 종사원을 대상으로 경력몰입에 영향을 미치는 선행변수와 결과변수를 파악하기 위해 경력몰입의 선행변수로 개인, 직무, 역할, 사회적 지원, 경력특성을 선정하였으며 경력몰입의 결과변수로는 직무성과(고객지향성), 경력변경의도, 이직의도를 선정하였다. 그리고 경력몰입의 선행변수와 경력몰입 간의 관계를 조절하는 변수로 고용형태를 선정하여 연구를 수행하였다.

본 연구의 목적을 달성하기 위해 문헌연구를 통해 가설을 도출하였으며 연구의 표본은 서울지역에 위치한 특1급과 특2급 호텔에 종사하는 종사원을 대상으로 하였다. 또한 설문지는 총 400부를 배포하여 324부를 회수하였으며 최종적으로 277부를 이용하여 분석을 실시하였다. 회수된 설문지를 토대로 측정도구의 신뢰성과 타당성을 검증하였으며 단순, 다중, 매개, 조절회귀분석을 이용하여 가설을 검증하였다. 실증분석결과 다음과 같은 연구결과가 도출되었다.

첫째, 경력몰입에 영향을 미치는 선행변수로는 개인특성 중에서 성장욕구, 자아존중감이 직무특성 중에서는 개인-직무의 적합성, 직무도전성이 역할특성은 역할특성이 사회적지원 중에서는 조직지원이 경력특성 중에서는 경력계획, 경력만족, 현 직무의 기대된 효율성, 성장기회가 영향을 미치는 것으로 나타났다. 즉 성장욕구가 강하고 자신을 유능하고 중요하다고 느끼는 정도인 자아존중감이 강할수록 경력몰입이 높게 나타나며 개인의 능력과 직무요건 간의 조화가 일치할수록 또한 직무가 도전적일수록 경력몰입이 높게 나타나며 자신이 조직 내에서 가지고 있는 역할에 대하여 충분한 정보를 가지고 있고 올바로 이해하고 있을수록 즉 역할특성이 낮을수록 경력몰입이 높게 나타났다. 그리고 조직이 조직구성원에 대하여 애착을 갖고 조직구성원의 복지를 위해 노력하는 조직지원을 높게 지각할수록 경력몰입이 높게 나타났다. 또한 개인 스스로 경력계획을 수립하고 강력한 경력희망을 가진 사람일수록, 개인의 삶에서 선택하고 결정한 경력 또는 가질 수 있는 경력기회나 발전 가능성 및 이러한 경력생활을 뒷받침하는 자신의 지식과 능력에 대해 만족할수록, 현재 담당하고 있는 업무를 성공적으로 수행했을 경우 긍정적인 혜택이 돌아올 것이라고 믿는 경우, 조직에서 최신의 지식과 기술을 습득할 수 있는 기회를 제공할수록 경력몰입이 높게 나타난다는 것이다.

하지만 선행연구와 달리 개인특성 중 통제의 위치, 직무특성 중 직무자율성, 사회적 지원 중 상사의 지원이나 동료의 지원은 경력몰입에 영향을 미치지 않는 것으로 나타났다. 통제의 위치의 경우 평균값이 3.36으로 중간값을 기준으로 했을 때 중간값을 넘기 때문에 내재론적인 특성이 강한 것으로 볼 수 있다. 선행연구에서는 통제의 위치가 내재적일 때 경력몰입이 높게 나타난다고 하였으나 본 연구에서는 통계적으로 유의한 차이를 보이지 못하였다. 따라서 후

속연구에서 보다 신중한 검토가 이루어져야 할 것이다. 또한 직무의 자율성의 경우 호텔기업의 인카운터상에서 일하는 종사원의 경우 업무를 처리하는데 있어 상황에 따라 업무를 처리해야 하나 업무의 특성상 본인이 직접 처리를 한 후 추후에 승인을 받는 것보다 승인을 받은 후 일을 처리해야 하는 부분이 더 많기 때문에 직무의 자율성에는 전문직 종사자에 비해 한계가 있다. 따라서 호텔기업의 경우 직무자율성은 경력몰입에 영향을 미치지 않는 것으로 볼 수 있다. 또한 상사나 동료의 지원의 경우도 경력몰입에 영향을 미치는 않는 것으로 나타났는데 이는 개인의 경력몰입을 위해서는 상사나 동료보다 조직의 지원이 가장 많은 영향을 미치기 때문일 것이다.

둘째, 경력몰입과 경력몰입의 결과변수로서 직무성과, 경력변경의도, 이직의도 간의 관계를 검증한 결과 경력몰입이 높을수록 직무성과가 높게 나타나고 경력변경의도 및 이직의도는 낮게 나타났다. 이는 직무성과의 경우 경력몰입이 조직몰입과 마찬가지로 작업결과와 관련되기 쉽기 때문에 높은 몰입수준을 보이는 사람들이 보다 많은 시간을 소비하고 생산적일 것이라고 기대할 수 있다. 따라서 경력몰입이 높으면 고객지향성, 즉 서비스제공 시 종사원의 태도와 행동이 향상되어 고객만족을 이끌 수 있다. 또한 경력변경의도의 경우 몰입의 근속적인 측면과 정서적인 측면을 고려해 보았을 때 현재까지 쌓아왔던 경력을 포기하고 다른 분야에서 일을 하고자 한다면 자신의 경력 분야에서 쌓아왔던 노하우나 기술 등을 포기해야 하며 자신의 경력에 대한 애착을 포기해야 하여야 한다. 따라서 경력몰입이 높을수록 경력변경의도가 낮다고 나타난 것으로 볼 수 있으며 이직의도의 경우 경력몰입이 높으면 자신의 분야에 대해 소명의식을 가지고 열심히 노력을 하기 때문에 자신의 위치에 대해 만족을 하며 이직을 고려하지 않는다는 것이다. 따라서 경력몰입이 높을수록 이직의도가 낮다고 볼 수 있다.

셋째, 경력몰입의 선행변수와 결과변수에 있어서 경력몰입의 매개효과를 검증한 결과 부분적으로 경력몰입이 매개효과를 보였다. 즉 개인특성 중 자아존중감이 높더라도 경력몰입이 이루어지지 않는다면 고객지향성을 기대할 수 없으며 직무특성 중 개인-직무적합성이 높더라도 경력몰입이 이루어지지 않는다면 고객지향성을 기대할 수 없으며 더불어 낮은 이직의도도 기대할 수 없다. 또한 역할특성이 낮더라도 경력몰입이 이루어지지 않는다면 고객지향성을 기대할 수 없으며 더불어 낮은 이직의도와 경력변경의도도 기대할 수 없는 것으로 나타났다. 또한 경력특성 중 경력계획이 높더라도 경력몰입이 이루어지지 않는다면 낮은 이직의도를 기대할 수 없으며 경력만족이 높더라도 경력몰입이 이루어지지 않는다면 낮은 경력변경의도를 기대할 수 없으며 현 직무의 기대된 효율성이 높더라도 경력몰입이 이루어지지 않는다면 낮은 경력변경의도를 기대할 수 없으며 성장기회가 높더라도 경력몰입이 이루어지지 않는다면 고객지향성을 기대할 수 없는 것으로 나타났다. 이러한 결과에 비추어볼 때 자아존중감, 개인-직무 적합성, 역할특성, 성장기회는 경력몰입을 통해 높은 고객지향성을 보이며 개인-직무의 적합성, 역할특성, 경력계획은 경력몰입을 통해 낮은 이직의도를 불러일으키며 마지막으로 역할특성, 경력만족, 현 직무의 기대된 효용성은 경력몰입을 통해 낮은 경력변경의도를 불러일으키는 것으로 볼 수 있다.

넷째, 경력몰입의 선행변수와 경력몰입 간의 관계에 있어 고용형태에 따른 조절효과를 살펴본 결과 고용형태가 부분적으로 조절을 보이는 것으로 나타났으며 비정규직이 정규직에 비해 경력몰입이 더 높게 나타났는데 이는 경력몰입이라는 것이 조직몰입과는 상반되는 것으로 자신이 현재 가지고 있는 직업과 관련된 분야에 대한 개인의 주관적이고 감정적인 애착으로 볼 수 있기 때문에 고용형태가 안정적인 정규직에 비해 불안정한 비정규직에서 자신이 살아남기 위해 경력목표를 세우고 더욱 자신의 개발에 매진하기 때문에 경력몰입이 더 높게 나타난 것으로 볼 수 있다.

구체적으로 개인-직무의 적합성과 조직의 지원에서 고용형태에 따라 경력몰입이 다르게 나타났으며 비정규직이 정규직에 비해 더 경력몰입이 높게 나타났다. 개인-직무의 적합성의 경우 의미상 정규직이 비정규직에 비해 높게 나타나야 하나 본 연구에서는 상반되게 나타났다. 이를 다른 측면에서 살펴보면 비정규직이 조직에서 인정받고 이를 토대로 개인의 능력에 따른 보상을 받기 위해서는 경력몰입을 통해서만이 가능하기 때문에 정규직에 비해 더 높게 지각하는 것으로 볼 수 있다. 또한 조직지원이 경력몰입에 미치는 영향도 비정규직에서 더 큰 것으로 나타났다. 이는 비정규직의 경우 자신이 조직에서 살아남거나 정규직이 되기 위해서는 상사나 동료의 지원보다는 조직지원 부문이 가장 많은 영향을 미칠 수 있기 때문이며 또한 자신의 경력개발을 하는데 있어서도 조직의 지원이 가장 많은 영향을 미칠 수 있기 때문에 비정규직이 정규직에 비해 조직의 지원을 높게 지각할 경우 경력몰입이 높게 나타나는 것으로 볼 수 있다.

2. 시사점

본 연구의 결과를 통해 얻은 시사점은 이론적인 측면과 실무적인 측면으로 나누어 볼 수 있다.

먼저 본 연구는 다음과 같은 이론적인 측면에서 시사점을 갖는다.

첫째, 대부분의 경력몰입에 대한 선행연구는 전문직이나 연구직을 대상으로 하였으나 본 연구에서는 그 범위를 확대해 호텔기업의 종사원을 대상으로 하였다. 그 결과 호텔기업의 종사원 역시 경력몰입이 존재하는 것으로 나타났다.

둘째, 선행연구에서 다루었던 경력몰입에 영향을 미치는 경력몰입의 선행변수와 결과변수를 각 특성별로 살펴보고 이를 호텔기업에 종사하는 종사원을 대상으로 하여 분석하여 호텔기업의 종사원의 경력몰입에 영향을 미치는 선행변수와 경력몰입의 결과로 나타나는 결과변수를 도출하였다. 그 결과 선행연구의 결과와 거의 유사하게 나타났으며 특히 경력몰입이 직무성과나 경력변경의도, 이직의도 등 조직구성원의 태도를 예측하는 변수로 밝혀졌다.

셋째, 선행연구에서는 통제의 위치가 내재적일수록, 직무자율성, 상사나 동료의 지원 등에 대해 높게 지각할수록 경력몰입이 높게 나타났다. 하지만 호텔기업에 종사하는 종사원을 대상으로 한 본 연구에서는 위의 요인들과 경력몰입과는 통계적으로 유의한 차이를 보이지 않았다. 이는 호텔기업 종사원들이 다른 직종이나 직업에 비해 경력몰입을 높이는데 있어 통제의 위치, 직무자율성, 상사나 동료의 지원 등이 일정 부분 관련이 없다는 점을 시사한다. 하지만 후속연구에서 보다 세밀하고 신중한 검토를 통해 재검증이 요구된다.

셋째, 대부분의 경력몰입에 대한 선행연구에서는 정규직만을 대상으로 하였으나 본 연구에서는 비정규직을 대상에 포함시켜 분석함으로써 고용형태에 따른 조절효과를 보았다. 그 결과 비정규직이 정규직에 비해 더 높은 경력몰입을 보였다. 이는 비정규직이라 하더라도 정규직에 뒤지지 않게 자신의 경력을 위해 많은 노력을 한다는 사실을 말해 주는 것으로서 조직에서도 비정규직에 대한 인식을 달리 할 필요가 있음을 시사한다.

다음으로 본 연구의 결과를 통해 얻은 실무적인 시사점은 다음과 같다.

첫째, 종사원의 개인특성과 관련해서 기업은 종사원의 성장욕구와 자아존중감을 높여주기 위해 자기개발프로그램이나 보상프로그램을 계획하여 자신의 경력몰입을 할 수 있게 도움을 제공하여야 할 것이다. 즉 종사원 개개인의 독특한 특성을 반영한 관리시스템을 구축할 필요가 있다.

둘째, 직무특성과 관련하여 기업은 종사원이 가진 능력을 발휘하고 그 안에서 책임감, 보람, 자부심을 누릴 수 있도록 직무 설계가 이루어지게 하여야 하며 일의 중요도를 인식시켜주는 노력이 필요하다. 또한 개인－직무의 적합성을 높이기 위해 현실적인 사전 직무소개와 같은 구체적이고 체계적인 제도를 통해 자신이 담당할 업무에 대해 충분히 인식시켜야 할 것이다.

셋째, 역할특성과 관련해서 기업은 종사원 개인별로 역할을 명확하게 설정해 주고 이원경력개발제도를 도입하여 자유롭고 제약 없이 자신의 분야에 대해 몰입을 할 수 있게 하여야 할 것이다.

넷째, 사회적 지원특성과 관련하여 기업은 조직차원에서 최신기술과 지식을 습득할 수 있도록 위탁교육, 전문가교육, 서비스교육 등을 통해 종사원의 질을 높일 수 있도록 도움을 주여야 하며 구성원에 대한 배려와 협조적인 조직분위기를 제공하여야 하며 상사 및 동료와의 관계를 원활하게 하기 위해 동호회 및 모임을 통해 커뮤니케이션을 할 수 있는 공간 및 시간을 제공하여야 하며 상사의 리더십 스타일, 동료집단에서의 응집성 등을 높일 수 있는 방법들을 제공하여야 할 것이다.

다섯째, 경력특성과 관련해서 기업은 현재 수행하는 직무가 종사원의 경력에 어떠한 도움이 될 수 있는지를 명확하게 인식시켜 주고 이들의 경력에 대해 높이 인정해 주는 노력들이 필요하며 경력 상의 장기적인 비전이 제시된 경력개발프로그램을 통해 경력에 몰입할 수 있게 하여야 하며 이들 위해 조직차원의 적극적인 지원과 투자가 중요하며 여기에는 인적자원관리 패러다임의 변화가 필요하다. 즉 적성을 고려한 선발, 능력개발형 업적평가시스템, 능력·성과급 임금관리, 자율적 교육훈련시스템 등을 정착시켜야 할 것이다. 또한 인재육성형 경력개발 및 지원시스템 구축을 위해 대상에 따른 차별화된 프로그램이 필요하다. 더불어 경력만족을 제고하고자 하는 조직차원의 노력, 즉 금전적인 보상도 중요하지만 경력에 만족을 느끼는데 초점을 둔 방안들을 활성화 시켜야 할 것이다.

마지막으로 경력몰입은 직무성과, 경력변경의도, 이직의도에 영향을 미치는 것으로 나타나 조직에서는 경력몰입에 대해 지대한 관심을 가지고 종사원이 자신의 경력에 몰입할 수 있도록 체계적이고 과학적인 방법을 이용하여 관리를 해 나가야 할 것이다.

제2절 연구의 한계 및 향후 연구방향

본 연구의 한계점 및 향후 연구방향은 다음과 같다.

첫째, 모든 설문지를 통한 표본조사에서 나타나는 한계점으로 설문지를 통한 자기보고에 의한 자료수집으로 인해 객관성을 확보하기가 어렵고 따라서 연구결과를 왜곡시킬 가능성이 있으며 본 연구는 설문지를 통한 계량적 분석에 국한되어 있기 때문에 개인의 경력에 관한 많은 면들이 설문지를 통해 측정될 수 없다는 한계를 인식할 때 질적인 연구가 병행되어야 할 것이다. 또한 연구표본에 있어서도 서울에 위치한 특1급과 특2급 호텔만을 대상으로 하였기 때문에 표본의 지역적 특성 및 일반화가 불가능하기 때문에 향후연구에서는 지역 및 표본을 확대할 필요성이 있다. 둘째, 본 연구에서는 경력몰입의 선행변수로 개인, 직무, 역할, 사회석 지원, 경력특성 등 5차원으로 나누어 경력몰입에 미치는 영향을 살펴보았다. 하지만 이외의 많은 변수들이 경력몰입에 영향을 미칠 것이다. 따라서 향후 연구에서는 더 많은 선행변수를 파악하여 경력몰입에 미치는 영향관계를 파악해야 할 것이며 특히 호텔기업 같은 서비스기업의 특수성을 고려해 경력몰입에 영향을 미치는 변수를 파악하고 그 관계를 보아야 할 것이다. 또한 경력몰입의 결과로서 나타나는 결과변수의 경우에도 더 많은 변수를 파악해야 할 것이다. 셋째, 본 연구에서는 조절변수로 고용형태를 이용하였는데 보다 다양한 요인들을 이용하여 연구할 필요성이 있다. 즉 인구통계적 특성에 따라 경력몰입에 영향을 미치는 변수들에는 차이가 있을 것이다. 예를 들어 성별의 경우 일반적으로 여성이 남성보다 경력몰입이 더 높게 나타난다고 하였다. 또한 본 연구에서는 조절변수가 경력몰입의 선행변수와 경력몰입에 미치는 차이만을 보았으나 향후 연구에서는 경력몰입이 경력몰입의 결과변수에 미치는 조절효과에 대해서도 연구가 이루어져야 할 것이다. 넷째, 경력과 경력몰입은 비교적 장시간에 걸쳐 형성되는 것이므로 현재의 태도와 행동에는 영향을 미치지만 미래의 태도와 행동에 영향을 미치는 특성을 가지고 있으므로 비교적 장기간에 걸쳐 그 효과가 나타날 수 있다. 따라서 횡단연구가 아닌 종단연구를 통해 경력몰입에 영향을 미치는 선행변수와 결과변수를 밝혀나가야 할 것이다.

마지막으로 최근의 연구주제로 떠오르고 있는 이중몰입에 대한 연구가 필요하다. 즉 앞으로는 기업의 조직이 매우 상이한 인력구조 및 조직특성을 보일 것이다. 이는 곧 개인과 조직의 관계에 있어서도 큰 변화가 예상되는데 개인이 자신의 경력을 형성해 나가는데 있어서 보다 주체적인 역할을 할 것이며 이에 따라 조직구성원들의 조직에 대한 몰입도 크게 변화를 할 것이다. 따라서 향후 연구에서는 이중몰입, 즉 조직몰입과 경력몰입 간의 관계에 대한 연구가 이루어져야 할 것이다.

참고문헌

1. 국내문헌

<국내서적>

고종옥(1999), 현대조직론, 한올출판사

김경환·차길수(2003), 호텔경영학, 현학사, pp.371-372

김흥국(2000), 경력성공의 이론과 실체, 다산출판사

박경규(2001), 신인사관리, 홍문사

박경규(2002), 신인사관리, 홍문사

박내회(1997), 조직행동론, 박영사, pp.280-286

오정환(1998), 호텔경영학원론, 기문사, p.92

탁진국 역(2002), 경력개발 및 관리, 시그마프레스, p.21

현대화재해상노보(1994), 6월호, p.1

<연구논문>

고현철(2004), "연구개발 조직구성원의 이중몰입에 관한 연구", 연세대학교 박사학위논문, p.2

권상철(1991), "직무스트레스 요인이 조직유효성에 미치는

영향에 관한 연구”, 한양대학교 박사학위논문

김성국·김태은(1999), “경력개념의 변화와 미래 방향에 관한 이
　　론적 고찰”, 이화경영논총, 제17권 제1호, pp.5-29

김영진(2000), “관광호텔 지배인의 리더십유형이 자긍심과
　　직무성과에 미치는 영향에 관한 연구”, 조선대학교
　　박사학위논문

김우태(1997), “조직구성원의 역량 제고를 위한 임파워먼트
　　과정에 관한 연구”, 서강대학교 박사학위논문

김은상(2000), “조직몰입과 경력몰입의 관계유형이 이직의
　　도, 수행노력, 학습동기에 미치는 효과”, 한국심리학
　　회지: 산업 및 조직, 제15권 제1호, pp.41-63

김일채(1998), “호텔종사원의 직무성과가 이직의도에 미치는
　　영향”, 관광학연구, 제21권 제2호, p.151

박봉규(2000), “IMF 체제하의 비정규직 호텔종사원의 직무
　　태도와 자발적 행동 간의 관계에 관한 탐색적 연구”,
　　관광·레져연구, 제12권 제1호, pp.47-48

박윤희(2003), “대학부설 평생교육원 프로그램 개발 담당자
　　의 직무수행과 관련변인”, 서울대학교 박사학위논문

박재규(2004), “비정규직 여성노동자의 고용환경 및 생활만
　　족 변화 연구”, 사회복지정책, 제18집, p.226

서균석 외(2003), “개인과 조직의 경력관리가 경력만족, 경
　　력전망 및 경력몰입에 미치는 영향”, 경영학연구, 제
　　32권 제6호,(12), p.1715

이기은(2000), “경력몰입의 결정요인과 경력몰입이 구성원의
　　태도에 미치는 영향”, 서강대학교 박사학위논문, p.2

이기은, 최순재 & 박경규(2001), "경력몰입의 결정요인과 효과에 관한 연구", 인사·조직연구, 제9권 제2호, pp.177-214

이기효(1994), "이직의도 인과모형의 실증연구: 종합병원 종사원을 대상으로", 성균관대학교 박사학위논문

이영석(2002), "구성원의 서비스지향성이 경영성과에 미치는 영향에 관한 연구", 경희대학교 박사하위논문

이재규·조영대(1994), "직무적합성이 갈등관리방법과 직무만족에 미치는 영향", 경영학연구, 제23권 제2호, pp.313-329

이종근(2002), "골프지도자의 직업몰입 결정요인과 결과요인에 관한 연구", 단국대학교, 박사학위논문, pp.30-32

이지우·김종우(2002), "고용형태에 따른 직무특성과 조직몰입의 관계", 인사·조직연구, 제10권 제1호, pp.1-26

이진규·최종인(1998), "미래조직의 경력관리: 다중 경력 패러다임", 인사조직연구, 특별호, pp.167-208

임범식·탁진국(2002), "경력몰입의 선행변인", 한국심리학회지, 제15권 제2호, p.67

장은미(1995), "정규직과 임시직의 조직몰입에 관한 연구", 한국인사·조직학회 1995년 춘계학술연구발표회, pp.38-55

장은미(1997), "경력관련 변수와 조직몰입분석: 경력단계와 경력 경로와의 관계", 경영학연구, 제26권 제2호, (5월), p.272

장은미(1997), "경력몰입이 조직몰입과 이직의도에 미치는 이중 조절 효과에 관한 연구", 인사조직연구, 제5권

제2호, pp.217-253

장은주(2003), "주관적 경력성공의 영향요인에 관한 연구", 서강대학교 박사학위논문, p.1

장재윤(1996), "개발 전문가의 조직적응: 조직몰입 및 전문분야몰입", 서울대학교 박사학위논문

정봉원(1997), "관광호텔종사원의 갈등관리방법이 직무만족과 이직의사에 미치는 영향", 대구대학교 박사학위논문, p.144

최윤아(2000), "경력몰입의 선행요인과 결정요인에 관한 연구", 비서학논총, 제9권 제1호, p.42

탁진국(1996), "조직구성원의 경력개발 장애요인에 대한 지각", 한국심리학회지: 산업 및 조직, 제9권 제1호, pp.25-36

탁진국(1996), "조직에서의 경력개발에 관한 최근의 연구동향", 광운대학교 인문사회과학 연구소 논문집, 제25권, pp.213-229

허용덕(2003), "호텔산업의 고용환경변화에 따른 직원의 직무불안전성 인식이 조직유효성이 미치는 영향", 세종대학교 박사학위논문, pp.1-2

2. 국외문헌

<외국서적>

Arnold, H. J. & Feldman, D. C.(1986), <u>Organizational Behavior</u>, New York: McGraw-Hill

Arthur, M. B., Hall, D. T. & Lawrence, B. S.(1989), <u>Generating new Directions in Career Theory: The Case for a Transdisciplinary Approach</u>, Handbook of Career Theory, Cambridge University Press, pp.7-25

Arthur M. B. & Rousseau D. M.(1996), <u>The Boundaryless Career</u>: A New Employment Principle for a New Organizational Era, New York: Oxford University Press

Beehr, T. A.(1985), <u>The Role of Social Support in Coping with Organizational Stress, In Beehr, T. A. & Bhagat, R. S.(Eds), Human Stress and Coping in Organization: An Integrated Perspective</u>, John Willy & Sons, pp.217-237

Betz, N. E., Fitzgerald, L. F. & Hill, R. E.(1989), <u>Trait-Factor Theory: Traditional Cornerstone of Career Theory, Handbook of Career Theory</u>, Cambridge: Cambridge University Press, pp.26-40

Dawis, R. V. & Lofquist, L. H.(1984), <u>A Psychological theory of</u>

Work Adjustment, Minneapolis, MN,: University of Minnesota Press

Edwards, J. R.(1991), Person-Job fit: A Conceptual Integration, Literature Review and Methodological Critique, In Cooper, C. L. & Robertson, I. T.(Eds), International Review of Industrial and Organizational Psychology, New York: Wiley, pp.283-357

Feldman, D. C.(1988), Managing Careers in Organizations, Glenview III: Scott, Foreman and Inc, p.26

Form, W. H.(1968), Occupation and Career, New York: McMillan and the Free Press

Hackman, J. R. & Oldham, G. R.(1980), Work Redesign, Addison-Wesley Publishing Company Inc., Massachusetts

Hall, D. T.(1976), Careers in Organizations, Santa Monica, Baliff: Goodyear Publishing Co., pp.4-5

Hall, D. T.(1977), Careers in Organizations, Glenview, IL: Scott, Foresman

Hall, D. T.(1996), Introduction: Long Live the Career-A Relational Approach. In Hall D. T.(Eds), The Career is Dead-Long Live the Career, San Francisco, CA: Jossey-Bass Publisher

Holland, J. L.(1973), Making Vocational Choices, Englewood Cliffs, NJ: Prentice-Hall

Ivancevich, J. M. & Matteson, M. T.(1980), Stress and

Work: A Managerial Perspective, Glenview Ⅲ: Scott, Foreman and Company

Kahn, R. D., Wolfe, R., Quinn, J., Snoek, & Rosenthal, R.(1964), Organizational Strees: Studies in Role Conflict and Ambiguity, New York: Wiley

Likert, R.(1961), New Patterns of Management: An Integrating Principle and an Overview, McGraw-Hill, pp.217-237

London, M. & Mone, E. M.(1987), Career Management and Survival in the Work Place, San Francisco, Jossey-Bass

Miles, R. E. & Snow, C. C.(1996), The Career is Dead-Long Live the Career, San Francisco: Jossey-Bass, pp.15-45

Miller, D. B.(1989), Managing Professionals in Research and Development, San Francisco, Jossey-Bass Publishers

Mowday, R. T., Porter, L. W. & Steers, R. M.(1982), Employee-Organization Linkages, NY: Academic Press

Price J. L.(1977), The Study of Turnover, Iowa State University Press

Steers, R. M, Porter, L. w. & Bigley, G. A.(1966), Motivation and Leadership at Work, New York: McGraq-Hill

218

<외국논문>

Allen, N. J. & Meyer, J. P.(1990), "The Measurement and Actecedents of Affective, Continuance and Normative Commitment to the Organization", Journal of Occupational Psychology, 63, pp.1-18

Allred, B. B., Snow, C. C. & Miles, R. E.(1996), "Characteristics of Managerial Careers in the 21st Century", Academy of Management Executive, Vol 10, No.4, pp.17-27

Aranya, N., Pollock, J. & Amernic, J.(1981), "An Examination of Professional Commitment in Public Accounting, Accounting", Organization & Society, 6, 1, pp.271-280

Aryee, S. & Debrah, Y. A.(1993), "A Cross-Cultural Application of a Career planning Model", Journal of Organizational Behavior, 14, pp.119-127

Aryee, S. & Tan, K.(1992), "Antecedents and Outcomes of Career Commitment", Journal of Vocational Behavior, 40, pp.288-305

Aryee, S., Chay, Y. W. & Chew, J.(1994), "An Investigation of the Predictors & Outcomes of Career Commitment in Three Career Stage", Journal of Vocational Behavior, 44, pp.1-16

Baron, R. M. & Kenny, D. A.(1986), "The Moderator-mediator Variable Distinction in Social Psychological Research", Journal of Personality and Social Psychology, Vol 51, No.6, p.1177.

Baugh, S. G. & Roberts, R. M.(1994), "Professional and Organizational Commitment among Engineers: Conflicting or Complementing?", IEEE Transactions on Engineering Management, 41, pp.108-114

Bedeian, A. G., Kemery, E. R. & Pizzolatto, A. B.(1991), "Career Commitment and Expected Utility of Present Job as Predictors of Turnover Intentions and Turnover Behavior", Journal of Vocational Behavior, 39, pp.331-343

Berger, P. K. & Grimes, A. J.(1973), "Cosmopolitan-Local: A Factor Analysis of the Construct", Administrative Science Quarterly, 18, pp.223-235

Bettencourt, L. & Brown, S.(1997), "Contact Employee: Relationship Among Workforce Fairness, Job Satisfaction and Prosaical Service Behavior", Journal of Retailing, 73, pp.39-61

Bhagat, R. S.(1983), "Effect of Stressful Life Event on Individual Performance, Effectiveness and Work Adjustment Process within Organizational Setting: A Research Model", Academy of Management Review, 8, pp.660-671

Blau, G.(1985), "The Measurement and Prediction of Career Commitment", Journal of Occupational Psychology, 58(4), pp.277-288

Blau, G.(1988), "Further Exploring the Meaning and Measurement of Career Commitment", Journal of Vocational Behavior, 32, pp.284-297

Blau, G.(1989), "Testing the Generalizability of a Career

Commitment Measure and its Impact on Employee Turnover", Journal of Vacational Behavior, 35, pp.88-103

Blau, G.(1999), "Early-career Job Factors Influencing the Professional Commitment of Medical Technologists", Academy of Management Journal, 42, pp.687-695

Bluedorn A. C.(1983), "The Theories of Turnover: Causes, Effects, an Meaning", Research in the Sociology of Organization, Vol 1, pp.75-128

Bowers, D. G. & Seashore, S. E.(1966), "Predicting Organizational Effectiveness with a Four-factor Theory of Leadership", Administrative Science Quarterly, 11, pp.238-263

Breaugh, J. A.(1985), "The Measurement of Work Autonomy", Human Relations, 38, pp.551-570

Brief, A. P. & Aldag, R. J.(1975), "Employee Reactions to Job Characteristics: A Constructive Replication", Journal of Applied Psychology, 60, pp.182-186

Brousseau, K. R., Driver, M. J., Eneroth, K. & Larsson, R.(1996), "Career Pandemonium: Realigning Organizations and Individuals", Academy of management Executive, Vol 10, No.4, pp.52-66

Caplan, F. D. & Jones, K. W.(1975), "Effects of Work Load Ambiguity and Type A Personality on Anxiety, Depression and Heart Rate", Journal of Applied Psychology, 60, pp.713-719

Caplan, R. D., Cobb, S., French, Jr., Van Harrison, R. & Pinneau, Jr.(1975), "Job Demands and Worker Health", Washington DC, <u>US Department of Health, Education and Welfare,</u> National Institute for Occupational Safety and Health

Carson, K. D. & Bedeian, A. G.(1994), "Career Commitment: Construction of a Measure and Examination of Its Psychometric Properties", <u>Journal of Vocational Behavior,</u> 44, pp.237-262

Chatman, J. A.(1991), "Matching People and Organizations: Selection and Socialization in Public Accounting Firm", <u>Administrative Science Quarterly,</u> Vol 36, pp.459-484

Cherniss, C.(1991), "Career Commitment in Human Service Professionals: A Biographical Study", <u>Human Relations,</u> 44, pp.419-437

Cohen, A.(1993), "Work Commitment in Relation to Withdrawal Intentions and Union Effectiveness", <u>Journal of Business Research,</u> 26, pp.75-90

Cohen, S. Wills, T. A.(1985), "Stress, Social Support and Buffering Hypothesis", <u>Psychological Bulletin,</u> 98, pp.310-357

Colarelli, S. M. & Bishop, R. C.(1990), "Career Commitment: Functions, Correlates and Management", <u>Group & Organization Management,</u> 15(2), pp.158-177

Darden, W. R., Hampton, R. & Howell, R. D.(1989), "Career

versus Organizational Commitment: Antecedents and Consequences of Retail Salespeoples' Commitment", Journal of Retailing, 65, pp.80-106

Darden, W., Hampton R. & Howell, R.(1989), "Career versus Organizational Commitment: Antecedents and Consequences of Retail Salespersons Commitment", Journal of Retailing, 65, pp.80-106

Dufficy, M.(2001), "Training Success in a New Industrial World", Industrial and Commercial Training, 33, pp.48-54

Eisenberger, R., Cummings, J., Armeli, S. & Lynch, P.(1997), "Perceived Organizational Support, Discretionary Treatment and Job Satisfaction", Journal of Applied Psychology, 82, pp.812-820

Eisenberger, R., Huntington, R., Hytchinson, S. & Sowa, D.(1986), "Perceived Organizational Support", Journal of Applied Psychology, 71, pp.500-507

Gattiker, U. E. & Larwood, L.(1990), "Predictors for Career Achievement in the Corporate Hierarchy", Human Relations, 48, pp.703-726

Ginzberg, M. J. & Baroudi, J. J.(1988), "Mis Career: A Theoretical Perspective", Communications of the ACM, Vol 31, No.5, pp.586-594

Gould, S.(1979), "Characteristics of Career Planners in Upwardly Mobile Occupation", Academy of Management Journal, 22, pp.539-550

Gouldner, A. W.(1957), "Cosmopolitans and Locals: Toward an Analysis of Latent Social Roles- I ", <u>Administrative Science Quarterly</u>, 2, pp.281-306

Goulet, L. R. & Singh, P.(2002), "Career Commitment: A Reexamination and an Extension", <u>Journal of Vocational Behavior</u>, 61, pp.73-91

Greenhaus, J. H.(1971), "An Investigation of the Role of Career Salience in Vocational Behavior", <u>Journal of Vocational Behavior</u>, 1, pp.109-216

Greenhaus, J. H., Parasuraman, S. & Wormley, E. M.(1990), "Effects of Race on Organizational Experience, Job Performance Evaluation and Career Outcomes", <u>Academy of management Journal</u>, 33, pp.478-493

Hall, D. T. & Foster, L. W.(1977), "A Psychological Success Cycle and Goal Setting: Goals, Performance and Attitudes", <u>Academy of Management Journal</u>, 20, pp.282-290

Hall, D. T.(1971), "A Theoretical Model of Career Subidentity Development in Organizational Settings", <u>Organizational Behavior and Human Performance</u>, 6

Hall. D.T. & Moss, J. E.(1998), "The New Protein Career Contracts": Helping Organizations and Employees Adapt, <u>Organizational Dynamics</u>, 26(30), pp.22-37

Hamner, W. C. & Henry, L. T.(1998), "Relationshop of Role Conflict and Role Ambiguity to Job Involvement Measures", <u>Journal of Applied Psychology</u>, 7, pp.35-55

Hartline, M. & Ferrell, O.(1996), "The Management of Customer-Contact Service Employees: An Empirical Investigation", Journal of marketing, 60, pp.52-70

Hendry C. & Jenkins, R.(1997) "Psychological Contracts and New Deals", Human Resources Management Journal, 7, pp.47-62

Hoffman, K, D. & Ingram, T. N.(1991), "Creating Customer-Oriented Employees: The Case in Home Health Care", Journal of Health Care Marketing, 11, pp.24-32

Hollenbeck, J. R.(1989), "Control Theory and the Perception of Work Environment: The Effects of Focus of Attention on Affective and Behavioral Reactions to Work", Organizational Behavior and Human Decision Process, Vol 43, pp.406-430

House, J. S.(1981), "Work, Stress and Social Support", Addison-Wesley, Reading, MA

Irving, P. G., Coleman, D. F. & Cooper, C. L.(1997), "Further Assessments of a Three-Component Model of Occupational Commitment: Generalizability and Differences Across Occupations", Journal of Applied Psychology, 82, pp.444-452

Iverson R. D.(1992), "Employee Intent to Stay: An Empirical Test of a Revision of the Price and Mueller del", Unpublished Doctoral Dissertation, University of Iowa

Kaldenberg, D. O., Becker, B. W. & Zvonkovic, A.(1995), "Work and Commitment Among Young Professionals: A Study of Male and Female Dentists", <u>Human Relations</u>, 48(11), pp.1355-1377

Kim, S.(1996), "Employee Intent to Stay: The Case of Automobile Workers in South Korea", Unpublished PhD Thesis, University of Iowa

Kim, W. G., Leong, J. K. & Lee, Y. K.(2004), "Effect of Service Orientation on Job Satisfaction, Organizational Commitment, and Intention of Leaving in a Casual Dinning Chain Restaurant", <u>International Journal of Hospitality Management</u>, In Press

Kondratuk, T. B., Hausdorf, P. A., Korabik, K. & Rosin, H. M.(2004), "Linking Career Mobility with Corporate Loyalty: How does Job Change Relate to Organizational Commitment?", <u>Journal of Vocational Behavior</u>, 65, pp.332-349

Kristof-Brown, A. L.(1996), "Person-Organization Fit: An Integrative Review of its Conceptualizations, Neasurement and Implications", <u>Personnel Psychology</u>, Vol 49, pp.1-49

Lee, K.., Carswell, J. J. & Allen, N. J.(2000), "A Meta-analytic Review of Occupational Commitment: Relations with Person and Work-related Variables", <u>Journal of Applied Psychology</u>, 85, pp.799-811

London, M.(1983), "Toward a Theory of Career Motivation",

Academy of Management Review, 8, pp.620-630

Lu, K. Y., Lin, P. L., Wu, C. M., Hsieh, Y. L. & Chang, Y. Y.(2002), "The Relationships Among Turnover Intentions, Professional Commitment, and Job Satisfactions of Hospital Nurses", Journal of Professional Nursing, Vol 18(4), pp.214-219

Mathieu, J. E. & Zajac, C. M.(1990), "A Review and Meta-Analysis of the Antecedents, Correlates and Consequences of Organizational Commitment", Psychological Bulletin, 108, pp.171-194

McCarrey, M. & Edwards, S.(1973), "Organizational Climate Conditions for Effective Research Scientist Role Performance", Organizational Behavior and Human Performance, 9, pp.439-459

McElroy, J. C., Morrow, P. C., Power. M. L. & Iqbal, Z.(1993), "Commitment and Insurance Agents' Job Perceptions, Attitudes and Performance", Journal of Risk and Insurance, 60, pp.363-384

Meyer, J. P. & Allen, N. J.(1988), "Links between Work Experiences and Organizational Commitment During the First Year of Employment: A Longitudinal Analysis", Journal of Occupational Psychology, 61, pp.195-209

Meyer, J. P. & Allen, N. J.(1991), "A Three-Compinent Conceptualization of Organizational Commitment", Human Resource Management Review, 1(1), pp.61-98

Meyer, J. P., Allen, N. J. & Smith, C. A.(1993), "Commitment to Organization and Occupations: Extension and Test of Three-Component Conceptualization", Journal of Applied Psychology, 78, pp.538-551

Millar, K. I.(1988), "The Development and Field test of Behaviorally Anchored Rating Scales for Evaluating of Professional Social Workers", The University of Texas at Arlington

Miller, G. A.(1967), "Professionals in Bureaucracy: Alienation among Industrial and Engineers", American Sociological Review, 32, pp.755-768

Mirvis, P. H. & Hall, D. T.(1994), "Psychological Success and the Boundaryless Career": Journal of Organizational Behavior, Vol 15, pp.365-380

Mobley, W. H., Griffeth, R. W., Hand, H. H. & Meglino, B. M.(1979), "Review and Conceptual Analysis of the Employee Turnover Process", Psychological Bulletin, 86, pp.493-522

Morrow, P. C. & McElroy, J. C.(1986), "On Assessing Measures of Work Commitment", Journal of Occupational Behavior, 7, pp.139-145

Morrow, P. C.(1982), "Concept Redundancy in Organizational Research: The Case of Work Commitment", Academy of Management Review, 8, pp.486-500

Morrow, P. C.(1983), "Concept Redundancy in the Organizational Research: The Case of Work Commitment",

228

Academy of Management Review, 8, pp.486-500

Noe, R. A., Noe, A. W. & Bachhuber, J. A.(1990), "An Investigation of the Correlates of Career Motivation", Journal of Vocational Behavior, 37, pp.340-356

O'Reilly, C. A.(1977), "Personality-Job Fit: Implications for Individual Attitudes and Performance", Organizational Behavior and Human Performance, Vol 18, pp.36-46

O'Reilly, C. A., Chatman, J. A. & Caldwell, D. F.(1991), "People and Organizational Culture: A Profile Comparison Approach to Assessing Person-Organizational Fit", Academy of Management Journal, Vol 34, pp.487-516

Peccei, R. & Rosenthal, P.(1997), "The Antecedents of Employee Commitment to Customer Service: Evidence from UK Service Context", International Journal of Human Resource Management, 8, pp.66-86

Pierce, J. L., Gardner, D. G., Cummings, L. L. & Dunham, R. B.(1989), "Organization-Based Self-Esteem: Construct Definition, Measurement and Validation", Academy of Management Journal, 32, pp.622-648

Porter, L. W., Steers, R. M., Mowday, R. T. & Boulian, P. V.(1974), "Organizational Commitment, Job Satisfaction and Turnover Among Psychiatric Technicians", Journal of Applied Psychology, 59, pp.603-609

Quinn, R. P. & Staines, G. L.(1979), "The 1977 Quality of Employment Survey", Institute for Social Research, University of Michigan, Ann Arber, Michigan

Rotter, J. B.(1966), "Generalized Expectancies for Internal versus External Control of Reinforcement", Psychological Monographs, 80, pp.1-26

Saks, A. M. & Ashforth, B.(1997), "A Longitudinal Investigation of the Relationships Between Job Information Sources, Applicant Perceptions of Fit and Work Outcomes", Personnel Psychology, Vol 50, pp.395-426

Schein, E. H.(1996), "Career Anchors Revisited: Implications for Career Development in the 21st Century", Academy of Management Executive, Vol 10, No.4, pp.80-88

Seashore, S. E.(1957), "The Social Support of Colleagues and Group Coercion", Personnel Psychology, 11, pp.34-57

Sims, H. P., Szilagyi, A. D. & Keller, R. T.(1976), "The Measurement of Job Characteristics", Academy Management Journal, 19, pp.195-212

Somers, M. J. & Birnbaum, D.(1998), "Work-Related Commitment and Job Performance: It's also the Nature of the Performance that Counts", Journal of Organizational Behavior, 19, pp.621-634

Steffy, B. D. & Jones, J. W.(1988), "The Impact of Family and Career Planning Variable on the Organizational, Career and Community Commitment of Professional Women", Journal of Vocational Behavior, 32, pp.196-212

Sullivan, S. E.(1997), "The Changing Nature of Career: A

230

Review and Research Agenda", <u>Journal of Management</u>, Vol 25 No.3, pp.457-484

Terri, A. S. & Ethlyn, A. W.(2004), "Mentoring and Transformational Leaderhip: The Role of Supervisory Career Mentoring", <u>Journal of Vocational Behavior</u>, 65, pp.448-468

Tuma, N. B. & Grimes, A. J.(1981), "A Comparison of Model of Role Orientations of Professionals on a Research-Oriented University", <u>Administrative Science Quarterly</u>, 26, pp.187-206

Valencha, G. K. & Ostrom, T. M.(1974), "An Abbreviated Measure of Internal-External Locus of Control", <u>Journal of Personality Assessment</u>, 38, pp.369-376

Vandenberg, R. J. & Scarpello, V.(1994), "A Longitudinal Assessment of the Determinant Relationship between Employee Commitments to the Occupation and the Organization", <u>Journal of Organizational Behavior</u>, 15, pp.535-547

Von Gilnow, M. A.(1983), "Incentives for Controlling the Performance of High Technology and Professional Employees", <u>IEEE Transactions on Systems, Man and Cybernetics</u>, 13, pp.70-74

Wallace, J. E.(1993), "Professional and Organizational Commitment: Compatible or Incompatible?", <u>Journal of Vocational Behavior</u>, 42, pp.333-349

Wallance, J. E.(1995), "Corporatist Control and Organizational

Commitment Among Professionals: The Case of Lawyers Working in Law Firms", Social Forbes, 73, pp.811-839

Waterman, R. H., Waterman, J. A. & Collard, B. A.(1994), "Toward a Career-Resilient Workforce", Harvard Business Review, July-August, pp.87-95

Wentling, R. M.(1996), "A Study of the Career Development and Aspiration of Woman in Middle Management", Human Resource Development Quarterly, 7, pp.253-270

White, B.(1995), "The Career Development of Successful Women", Women in management Review, 10, pp.4-15

Wiener, Y. & Vardi, Y.(1980), "Relationships between Job, Organization and Career Commitment and Work Outcomes: An Integrative Approach", Organizational Behavior and Human Performance, 26, pp.81-96

Yoon, J. & Lim, J.(1999), "Organizational Support in the WorkplacEmployees", Human Relations, 52, pp.923-945

부 록

설 문 지

안녕하십니까?

　바쁘신 중에도 본 설문에 응해 주신데 대해 진심으로 감사드립니다. 본 설문지는 "호텔종사원의 경력몰입에 관한 연구"를 위한 기초 연구 자료를 얻고자 하는데 그 목적이 있습니다. 설문지의 어떠한 항목도 정답은 없으므로 귀하께서 느끼는 바를 표시하시면 됩니다. 귀하께서 응답하신 내용은 오로지 학문적 목적을 위해서만 사용됨을 약속드립니다.

　아무쪼록 바쁘시더라도 설문에 성의껏 대답하여 주시면 연구에 도움이 되오니 많은 협조를 부탁드립니다.

<table>
<tr><td>연구자</td><td>지도교수</td></tr>
<tr><td>경기대학교 대학원</td><td>경기대학교 호텔경영학과</td></tr>
<tr><td>호텔경영학과 박사과정</td><td>경영학 박사</td></tr>
<tr><td>최 우 성</td><td>이 수 광</td></tr>
</table>

2004년　09월　일

※ 답변해 주셔서 감사드리며, 혹시 이 연구주제의 결
   과가 필요하신 분께서는 다음의 연락처로 개별 연
   락을 주시면 즉시 회신해드리겠습니다.

〈연락처〉 e-mail; unihotel@empal.com
        휴대폰: 017-620-6395

Ⅰ. 다음은 귀하의 개인특성에 관한 질문입니다. 귀하가 생각하시기에 가장 적합한 곳에 체크를 해 주십시오.

<table>
<tr><td></td><td>전혀
그렇지
않다</td><td></td><td></td><td></td><td>매우
그렇다</td></tr>
<tr><td>1. 나는 업무수행을 통해 개인적인 성장과 발전의 기회를 갖고 싶은 욕망이 있다.</td><td>①</td><td>②</td><td>③</td><td>④</td><td>⑤</td></tr>
<tr><td>2. 나는 비교적 어렵고 노선적이며 새로운 것을 배울 수 있는 업무를 좋아한다.</td><td>①</td><td>②</td><td>③</td><td>④</td><td>⑤</td></tr>
<tr><td>3. 나는 업무로부터 가치 있는 성취감을 느끼고 싶은 욕구가 있다.</td><td>①</td><td>②</td><td>③</td><td>④</td><td>⑤</td></tr>
<tr><td>4. 나는 상사로부터 공정한 대우와 인정을 받고 싶은 욕구가 있다.</td><td>①</td><td>②</td><td>③</td><td>④</td><td>⑤</td></tr>
<tr><td>5. 나는 업무를 수행하는 것과 어울리는 승진을 하고 싶은 욕구가 있다.</td><td>①</td><td>②</td><td>③</td><td>④</td><td>⑤</td></tr>
<tr><td>6. 나는 힘들더라도 새로운 것을 배울 수 있는 업무를 좋아한다.</td><td>①</td><td>②</td><td>③</td><td>④</td><td>⑤</td></tr>
<tr><td>7. 나는 승진이나 포상은 전적으로 자신의 능력이나 노력여하에 달려있다고 생각한다.</td><td>①</td><td>②</td><td>③</td><td>④</td><td>⑤</td></tr>
<tr><td>8. 나는 높은 업무성과를 올리는 것은 노력보다는 운이나 여건이 더 중요하다고 생각한다.</td><td>①</td><td>②</td><td>③</td><td>④</td><td>⑤</td></tr>
<tr><td>9. 나는 어떤 일이 잘못 되었을 때 그것을 자기의 책임으로 돌리는 경우가 많다.</td><td>①</td><td>②</td><td>③</td><td>④</td><td>⑤</td></tr>
<tr><td>10. 업무수행과정에 대한 통제는 자율성보다는 상사가 주도하는 편이다</td><td>①</td><td>②</td><td>③</td><td>④</td><td>⑤</td></tr>
<tr><td>11. 내 주위사람들은 나를 중요한 사람으로 여긴다.</td><td>①</td><td>②</td><td>③</td><td>④</td><td>⑤</td></tr>
<tr><td>12. 나는 내 주위에서 중요한 존재이다.</td><td>①</td><td>②</td><td>③</td><td>④</td><td>⑤</td></tr>
<tr><td>13. 주위의 사람들은 나를 신뢰할 수 있는 사람으로 생각한다.</td><td>①</td><td>②</td><td>③</td><td>④</td><td>⑤</td></tr>
<tr><td>14. 내 주위 사람들로부터 신뢰받고 있다.</td><td>①</td><td>②</td><td>③</td><td>④</td><td>⑤</td></tr>
</table>

Ⅱ. 다음은 귀하의 직무와 역할특성에 관한 질문입니다. 귀하
   가 생각하시기에 가장 적합한 곳에 체크를 해 주십시오.

	전혀 그렇지 않다			매우 그렇다

1. 지금까지 담당해온 업무는 나의 전공 분야
   와 일치하였다고 생각한다. ① － ② － ③ － ④ － ⑤
2. 지금까지 담당해온 업무는 나의 관심 분야이
   거나 해보고 싶었던 분야였다고 생각한다. ① － ② － ③ － ④ － ⑤
3. 지금까지 담당해온 업무는 나의 전공 분야의
   지식을 적용할 수 있는 것들이라고 생각한다. ① － ② － ③ － ④ － ⑤
4. 지금까지 나에게 배정된 업무는 나의 전공
   분야와 관련된 것이었다. ① － ② － ③ － ④ － ⑤
5. 업무를 수행하기 위해서는 내가 가진 모든
   기술과 능력을 활용할 때 비로소 가능하다. ① － ② － ③ － ④ － ⑤
6. 나는 최선을 다해 수행해야 할 업무가 있다. ① － ② － ③ － ④ － ⑤
7. 내가 해결해야 할 업무는 도전적인 업무이다. ① － ② － ③ － ④ － ⑤
8. 업무를 성공적으로 수행하기 위해서는 고도
   의 기술(지식)이 요구된다. ① － ② － ③ － ④ － ⑤
9. 나는 업무처리방법을 선택할 권한이 있다. ① － ② － ③ － ④ － ⑤
10. 나는 업무의 일정계획을 정할 수 있다. ① － ② － ③ － ④ － ⑤
11. 나는 업무를 수행하는데 있어 작업기준을
    정할 수 있다. ① － ② － ③ － ④ － ⑤
12. 나는 내가 해야 할 일이 아닌 과업이나 업
    무를 수행하기도 한다. ① － ② － ③ － ④ － ⑤
13. 나는 모순된 방침과 지시 아래 일을 한다. ① － ② － ③ － ④ － ⑤
14. 나는 내 인생관과 반대되는 일을 하기도
    한다. ① － ② － ③ － ④ － ⑤
15. 나는 내 직무에 대한 권한의 한계가 분명
    하지 않다. ① － ② － ③ － ④ － ⑤
16. 나는 조직이나 상사가 나에게 무엇을 요구
    하고 기대하는지 모르겠다. ① － ② － ③ － ④ － ⑤
17. 나는 나에게 주어진 직무의 책임이 명확하
    지 않다. ① － ② － ③ － ④ － ⑤

Ⅲ. 다음은 귀하의 조직특성에 관한 질문입니다. 귀하가 생각
　　하시기에 가장 적합한 곳에 체크를 해 주십시오.

	전혀 그렇지 않다				매우 그렇다
1. 나의 상사는 내가 업무와 관련된 문제를 말하면 기꺼이 경청한다.	①	②	③	④	⑤
2. 나의 상사는 나의 업무에 많은 관심을 보여준다.	①	②	③	④	⑤
3. 나의 상사는 업무상 어려운 일이 발생했을 때 전혀 도움이 안 된다.	①	②	③	④	⑤
4. 나의 상사는 내가 업무처리를 잘 했을 때 칭찬을 해준다.	①	②	③	④	⑤
5. 나의 동료들은 업무수행에 많은 도움을 준다.	①	②	③	④	⑤
6. 나의 동료는 업무수행과 관련하여 어려운 일이 발생하였을 때나 평상시에도 도움을 준다.	①	②	③	④	⑤
7. 나의 동료는 내가 업무수행과 관련된 문제를 말하면 기꺼이 경청한다.	①	②	③	④	⑤
8. 회사는 나의 목표와 가치관을 최대한 존중해 준다.	①	②	③	④	⑤
9. 내가 업무상 또는 사적인 문제로 곤경에 처할 때 회사는 나에게 도움을 준다.	①	②	③	④	⑤
10. 회사는 내가 업무에 흥미를 느낄 수 있도록 배려해 준다.	①	②	③	④	⑤
11. 회사는 내가 제기한 불평이나 불만을 무시하지 않는다.	①	②	③	④	⑤
12. 회사는 나의 복리후생에 대해 정말로 관심을 보인다.	①	②	③	④	⑤
13. 회사는 나의 의견에 대해 관심을 보인다.	①	②	③	④	⑤

IV. 다음은 귀하의 경력특성에 관한 질문입니다. 귀하가 생각
하시기에 가장 적합한 곳에 체크를 해 주십시오.

전혀
그렇지   매우
않다   그렇다

1. 나는 경력에 대한 계획을 가지고 있다. ① - ② - ③ - ④ - ⑤

2. 나는 경력목표를 이루기 위한 전략을 가지고 있다. ① - ② - ③ - ④ - ⑤

3. 나는 경력목표에 도달하기 위해 무엇을 해야 할지 알고 있다. ① - ② - ③ - ④ - ⑤

4. 나는 경력목표를 어떻게 세워야 할지 아직 결정하지 못하였다. ① - ② - ③ - ④ - ⑤

5. 나의 경력목표는 명확하지 않다. ① - ② - ③ - ④ - ⑤

6. 나는 경력목표를 자주 바꾸는 편이다. ① - ② - ③ - ④ - ⑤

7. 나는 직장경력을 돌이켜 볼 때 지금까지의 성과에 대해 만족한다. ① - ② - ③ - ④ - ⑤

8. 나의 직장경력을 경력목표달성이란 측면에서 돌이켜 볼 때 만족한다. ① - ② - ③ - ④ - ⑤

9. 나의 직장경력을 새로운 지식과 기술의 습득이란 측면에서 볼 때 만족한다. ① - ② - ③ - ④ - ⑤

10. 나는 직장경력을 경제적인 측면에서 볼 때 만족한다. ① - ② - ③ - ④ - ⑤

11. 나는 직장경력을 승진이라는 측면에서 볼 때 만족한다. ① - ② - ③ - ④ - ⑤

12. 나의 현재의 직무는 미래의 나의 경력목표 달성에 도움이 될 것이다. ① - ② - ③ - ④ - ⑤

13. 나의 현재의 직무는 미래의 나의 경력발전이나 경력성장과 관련이 있다. ① - ② - ③ - ④ - ⑤

14. 현재의 직무를 잘 수행하면 나의 경력발전에 필요한 다양한 경험을 얻을 수 있다. ① - ② - ③ - ④ - ⑤

15. 현재의 직무를 통해 나는 나의 직장생활에 필요한 성장기회를 얻을 수 있다. ① - ② - ③ - ④ - ⑤

	전혀 그렇지 않다			매우 그렇다

16. 현재의 직무를 통해 나는 새로운 기술과 지식을 축적하고 발전시킬 수 있는 기회를 얻을 수 있다. ① - ② - ③ - ④ - ⑤

17. 내가 호텔에서 일하게 되면 전문지식과 기술을 향상시킬 수 있는 기회가 주어진다. ① - ② - ③ - ④ - ⑤

18. 직무지식과 기술을 향상시킬 수 있는 교육과정에 참여할 수 있는 기회가 제공된다. ① - ② - ③ - ④ - ⑤

19. 나의 직무지식과 기술을 더욱 발전시킬 수 있는 여건이 제공되고 있다. ① - ② - ③ - ④ - ⑤

20. 내가 나의 직무지식과 기술을 발전시키고자 하면 회사에서 기회를 얻을 수 있다. ① - ② - ③ - ④ - ⑤

21. 나의 업무 분야에서 새로운 지식과 기술을 신속히 파악할 수 있는 수단들(금전적인 지원 또는 시간할애 등)이 제공된다. ① - ② - ③ - ④ - ⑤

V. 다음은 경력몰입 및 성과에 관한 질문입니다. 귀하가 생각하시기에 가장 적합한 곳에 체크를 해 주십시오.

	전혀 그렇지 않다				매우 그렇 다
1. 나는 충분한 돈을 가지고 있더라고 현 직장에서 계속 일을 할 것이다.	①	②	③	④	⑤
2. 나는 내 직업을 매우 좋아하기 때문에 그만두지 않을 것이다.	①	②	③	④	⑤
3. 내 직업은 평생직업으로 이상적이다.	①	②	③	④	⑤
4. 나는 내 직업이 천직이라고 생각한다.	①	②	③	④	⑤
5. 나는 직업을 다시 선택할 수 있다면 현 직장에서 일을 하지 않을 것이다.	①	②	③	④	⑤
6. 나는 때때로 내 직업에 불만을 느낀다.	①	②	③	④	⑤
7. 나는 현재의 직종 또는 업종과 관련되지 않은 다른 분야로 가고 싶다.(호텔→제조업, 영업직→관리직)	①	②	③	④	⑤
8. 나는 현재의 직종 또는 업종과 관련되지 않은 다른 분야에서 일하고 싶다.	①	②	③	④	⑤
9. 앞으로도 현재의 직종 또는 업종에서 계속 일을 할 것이다.	①	②	③	④	⑤
10. 나는 새로운 직장으로의 이직을 생각하고 있다.	①	②	③	④	⑤
11. 만약 회사를 옮긴다면 지금보다 나은 회사에 입사할 가능성이 높다고 생각한다.	①	②	③	④	⑤
12. 나는 이 회사의 구성원으로서 계속 남아있기를 희망한다.	①	②	③	④	⑤
13. 나는 무언의 압력보다는 고객에게 유용한 정보를 주려고 노력한다.	①	②	③	④	⑤
14. 나는 고객이 원하는 것을 찾아주려고 노력한다.	①	②	③	④	⑤
15. 나는 고객이 무엇을 원하는 가를 듣기 전에 알아서 행동한다.	①	②	③	④	⑤
16. 나는 고객을 기쁘게 하려는 목적으로 서비스에 최선을 다한다.	①	②	③	④	⑤

전혀
그렇지　　　　　매우
않다　　　　　그렇다

17. 나는 고객에게 서비스에 대해 설명을 할 때
사실을 그대로 말한다. ① - ② - ③ - ④ - ⑤

18. 나는 고객이 원하는 모든 정보를 제공해 준다. ① - ② - ③ - ④ - ⑤

19. 나는 고객의 질문에 가능한 정직하게 대답한다. ① - ② - ③ - ④ - ⑤

20. 나는 고객을 편안하게 해 준다. ① - ② - ③ - ④ - ⑤

21. 나는 서비스가 가지는 이적을 고객에게 정획
하게 제시해 준다. ① - ② - ③ - ④ - ⑤

22. 나는 서비스에 대한 고객의 요구에 같이 이야
기하려고 노력한다. ① - ② - ③ - ④ - ⑤

23. 나는 고객의 입장에서 필요한 것을 해결해 나
가는 방식으로 노력한다. ① - ② - ③ - ④ - ⑤

24. 나는 고객이 필요로 하는 것보다 더 많은 것
을 주려고 노력한다. ① - ② - ③ - ④ - ⑤

25. 나는 고객의 입장에서 고객에게 가장 도움이
되는 서비스를 제공하려고 노력한다. ① - ② - ③ - ④ - ⑤

26. 나는 짧은 시간 동안이지만 고객과 친근하고
개인적인 관계를 중요하게 생각한다. ① - ② - ③ - ④ - ⑤

Ⅵ. 다음은 귀하의 인구통계적 특성과 일반적인 사항에 관한
   질문입니다. 귀하가 생각하시기에 가장 적합한 곳에 체크
   를 해 주십시오.

1. 귀하의 성별은?
   ① 남　　　　　② 여

2. 귀하의 학력정도는?
   ① 고졸　　　　　　　② 전문대졸 또는 재학
   ③ 대졸 또는 재학　　④ 대학원졸 또는 재학

3. 귀하의 연령은?
   ① 20대　　　② 30대　　　③ 40대
   ④ 50대　　　⑤ 60대

4. 귀하의 결혼여부는?
   ① 미혼　　　　　②기혼

5. 귀하의 근속기간은? (현 직종에서 근무한 총 년수)
   ① 1년 미만　　② 1-2년　　③ 2-3년
   ④ 3-4년　　　⑤ 5-10년　　⑥ 10년 이상

6. 귀하의 고용형태는?
   ① 정규직　　　② 비정규직

※ 귀하의 성의 있는 답변에 진심으로 감사드립니다.

· 저자 ·

최우성   **· 약력 ·**
호남대학교 경상대학 관광학과 졸업
경기대학교 대학원 호텔경영학과 졸업(관광학 박사)
경기대학교, 세종대학교, 경희대학교 강사
(전) 라마다 서울 호텔 객실부 프론트 근무
(현) 호텔 홀리데이인 서울 객실부 프론트 근무

· 주요논저 ·
「호텔종사원에 있어 직무특성이 경력몰입과 조직구
성원의 태도에 미치는 영향」
「호텔관리자의 리더십유형이 서비스 인카운터상에
있는 종사원의 서비스품질에 미치는 영향」
「호텔기업에 있어 사회적 지원이 경력몰입과 이직의
도에 미치는 영향」
「호텔기업의 로얄티 프로그램이 몰입과 고객애호도
에 미치는 영향」
「채널정향에 따른 호텔 인터넷 홈페이지 속성이 이
용자 만족에 미치는 영향」
『호텔객실실무론』
외 다수

호텔 종사원의 경력몰입에 관한 연구

· 초판 인쇄	2005년 11월 30일
· 초판 발행	2005년 11월 30일
· 지 은 이	최우성
· 펴 낸 이	채종준
· 펴 낸 곳	한국학술정보㈜
	경기도 파주시 교하읍 문발리 526-2
	파주출판문화정보산업단지
	전화 031) 908-3181(대표) · 팩스 031) 908-3189
	홈페이지 http://www.kstudy.com
	e-mail(e-Book사업부) ebook@kstudy.com
· 등 록	제일산-115호(2000. 6. 19)
· 가 격	15,000원

ISBN   89-534-4206-0 93330 (Paper Book)
　　　　89-534-4207-9 98330 (e-Book)